AF633619

Lex Bos

zuoberst Das Unterste

Über Hierarchie, Gleichwertigkeit und Dienst-Leistung im sozialen Leben

TRIALOG VERLAG

Titel der Originalausgabe: Onderste boven
Over hiërarchie, gelijkwaardigheid en dienstverlening in het sociale leven (2006)
ISBN 10: 9073310377
ISBN 13: 9789073310377
Uitgeverij: Nearchus

Deutsche Erstausgabe

Übersetzung: Kerstin Andersson

Copyright © 2010 für die deutsche Ausgabe bei Trialog Verlag,
www.trialogverlag.de
Alle Rechte vorbehalten
ISBN der deutschen Ausgabe: 978-3-939231-00-4
Layout und Umschlag: VorSatz – das herstellungsbüro
Sibylle in der Schmitten, Meerbusch

Gleich sei keiner dem andern,
doch gleich sei jeder dem Höchsten.
Wie das zu machen?
Es sei jeder vollendet in sich.

Goethe

Inhalt

Einleitung

Zwei Themen, die für mich immer mehr zu brennenden Fragen geworden sind, ziehen sich als rote Fäden durch alle Kapitel dieses Buches – zwei rote Fäden, die historisch, gesellschaftlich und psychologisch oft unauflösbar miteinander verknüpft sind. Ich will in diesem Buch versuchen zu zeigen, wie diese Verknüpfung entstanden ist, wie diese beiden Themen zukünftig auf konstruktive Art in einem dialektischen – oder besser gesagt dialogischen – Verhältnis zu einander stehen können, und wie ein drittes Thema dabei eine wesentliche Rolle spielt.

Die Themen, um die es hier zunächst geht, sind im Untertitel des Buchs bereits angedeutet: Hierarchie und Gleichwertigkeit. Sie haben mit Macht und Recht, mit Rangordnung und Demokratie zu tun. Die Fragen, die mich immer mehr beschäftigt haben, sind die oben genannten roten Fäden, die sich durch dieses Buch ziehen. Sie werden sich im Laufe der Kapitel verändern, aber ich möchte sie hier in ihrer ersten Erscheinungsform in Worte fassen.

Die erste Frage lautet: Wie kommt es, dass seit Anfang des 20. Jahrhunderts zunehmend der Ruf nach Menschenrechten laut wird, nach Gleichwertigkeit von allem, was Menschenantlitz trägt, dass aber durch das Einfallstor der Gleichheit eine kultur- und menschenvernichtende Tendenz zu Standardisierung, Normierung und Egalisierung – kurz gesagt zum Einebnen – einzieht?

Die zweite Frage lautet: Wie kommt es, dass es – ebenfalls seit Beginn des 20. Jahrhunderts – den starken Drang nach Emanzipation,

Unabhängigkeit und Autonomie gibt, dass aber durch dieses Einfallstor der Freiheit eine – ebenfalls entwicklungsfeindliche – Tendenz einzieht, Hierarchien auszubilden, mit denen Macht über andere ausgeübt werden kann?

Wir können diese beiden Erkenntnisfragen auch so formulieren, dass sie eine Zukunftsorientierung bekommen: Wie können wir individuell und gesellschaftlich mit den Qualitäten von Freiheit und Gleichheit, die einander auszuschließen scheinen, so umgehen, dass nicht nur die beschriebenen Einfallstore für destruktive Kräfte geschlossen bleiben, sondern dass durch einen positiven Dialog zwischen diesen Qualitäten neue soziale Entwicklungen möglich werden?

Obwohl wir den zuerst gestellten Erkenntnisfragen viel Aufmerksamkeit widmen werden, wird dieses Buch seine Bestimmung erst dann erreicht haben, wenn es gelingt, die Schlüssel zu finden, mit deren Hilfe wir die genannten Einfallstore nicht nur einfach verschließen, sondern vielmehr selbst bestimmen können, wer oder was durch sie hereinkommt.

Das dritte Thema des Untertitels – die Dienst-Leistung – wird dabei eine zentrale Rolle spielen. Warum dieser ganze Prozess mit den Worten »Das Unterste zuoberst« ausgedrückt wurde, muss zunächst noch kryptisch bleiben. Ich werde das ganze Buch brauchen, um deutlich zu machen, was ich damit meine.

Zeist, Sommer 2005

I.

Phänomenologie der Erscheinung »Rangordnung«[1]

In diesem ersten Kapitel werden wir sofort mit einer Fallgrube konfrontiert, in der wir der Verstrickung der zwei roten Fäden, die in der Einleitung beschrieben wurde, begegnen. Wenn wir in die verwirrende Vielfalt der Erscheinungen, die uns umgeben, denkend Ordnung bringen wollen, müssen wir diese unterscheiden und dann in jeder Kategorie Abstufungen bestimmter Merkmale festlegen. Aber sobald wir unterscheiden, denken wir nicht mehr in Begriffen von Gleichheit und das Tor für Diskriminierungen steht offen. Und sobald wir Erscheinungen in Abstufungen eines Merkmals beschreiben – also eine Rangordnung festlegen – steht das Tor für Werturteile, Überlegenheitsgefühle und Beherrschungstendenzen offen.

Wir sind noch so daran gewöhnt, in Rängen und Ständen zu denken, dass wir das Wort Rangordnung direkt in diesem Kontext hören. Wir werden in diesem Kapitel üben müssen, alle Werturteile zurück zu halten. Wenn wir unterscheiden, hat das zunächst noch nichts mit Diskriminierung zu tun, und wenn wir unter einem bestimmten Gesichtspunkt eine Rangordnung aufstellen, bedeutet das nicht, dass folglich das eine wichtiger ist als das andere und es deshalb beherrschen oder in seinen Dienst stellen darf. Mit dieser Warnung vor Augen werden wir jetzt die Erscheinung Rangordnung in einigen Lebensgebieten untersuchen.

1. Obwohl im Untertitel des Buches der Begriff Hierarchie erscheint, beginnen wir unsere Betrachtungen mit dem neutraleren Begriff Rangordnung.

Messen, wiegen und zählen

Nach dem Mittelalter und der Renaissance bricht die Neuzeit an. So wird in den Geschichtsbüchern die Entwicklung charakterisiert. Diese ›Neue Zeit‹ bedeutet tatsächlich das Durchbrechen eines neuen Bewusstseins: ein emanzipiertes Ich-Bewusstsein, das sich als Subjekt gegenüber der Objektwelt erlebt und diese Objektwelt mit klaren Gedanken begreifen will. Die Neuzeit bringt die Geburt der modernen Naturwissenschaft. Francis Bacon (1561 – 1626) legt dafür die methodische Grundlage, Descartes (1596 – 1650) die philosophische. Bacon träumt von einer objektiven, wertfreien Wissenschaft, die das Subjekt mit seinen mystischen Gefühlen und religiösen Lehrsätzen als Störfaktor aus dem Spiel lässt. Dazu stellt er die neue Wissenschaft auf die Grundlage der sinnlichen Wahrnehmung, und zwar unter der Voraussetzung, dass die Objektwelt auf dasjenige reduziert wird, was ›objektiv‹ quantitativ gemessen, gewogen und gezählt werden kann. Eine dergestalt quantifizierte Wirklichkeit lässt sich gut in Grafiken, Tabellen und Statistiken wiedergeben. Und wenn nach den verborgenen Gesetzmäßigkeiten gesucht wird, die diese Erscheinungen bestimmen, dann bietet dieses Material durch seine zahlenmäßige Art einen hervorragenden Ausgangspunkt für das Formulieren von kausal-mechanischen Zusammenhängen. Sobald der Mensch die Gesetzmäßigkeiten, die die Natur (zum Teil) beherrschen, denken konnte, steht das Einfallstor zum Beherrschen der Naturprozesse offen. Und damit ist der Siegeszug der Technik und der Industrie eingeleitet und in der Folge davon die machbare Welt. Denn das naturwissenschaftliche Denken, für das Bacon die Grundlage legte, ist in alle Zweige der Naturwissenschaft eingedrungen und hat zu dem geführt, was an den Universitäten als Biometrie, Neurometrie, Psychometrie, Soziometrie, Ekonometrie, ja selbst als Jurimetrie und Linguametrie gelehrt wird. Und all dieses

Messbare und in kausalen Gesetzen Gefangene bietet die Möglichkeit für ebenso viele Formen von Technik, Manipulation und Beherrschung.

Wir haben im Vorhergehenden einen Weg beschritten, der beim unschuldigen Messen, Wiegen und Zählen von Quantitäten begann, und sind dabei unbemerkt durch die Tür in ein Gebiet eingetreten, wo zentrale moralische Fragen auf der Tagesordnung stehen: Das Eingreifen in die verschiedensten Lebensgebiete und ihre Beherrschung mit Hilfe der instrumentalisierten Naturwissenschaft.

Wir hatten uns aber vorgenommen, diese Tür vorerst geschlossen zu halten. Also lassen wir das Gebiet hinter dieser Tür zunächst noch ruhen. Wir werden in Kapitel III darauf zurück kommen.

Kehren wir zurück zum Anfang unserer Geschichte. Das Messen, Wiegen und Zählen von Aspekten der Wirklichkeit führt sofort zu Rangordnungen auf Skalen. Mit der Messlatte messen wir Längen, und das eine ist länger als das andere. Mit der Waagschale wiegen wir Gewichte, und das eine ist schwerer als das andere. Mit dem Frequenzmesser zählen wir, wie oft etwas vorkommt, und das eine kommt öfter vor als das andere. Und so ist es auch mit den Instrumenten, mit denen wir Temperaturen, Stromstärken, Amplituden elektromagnetischer Wellen, Herz- und Pulsschläge, Kalium- und Natriumgehalt des Blutes u.ä. messen. Im Unterricht werden die Leistungen der Schüler ständig gemessen und mit Punkten bewertet. *Auch in Unternehmen ist es nicht ungebräuchlich, die Leistungen der Mitarbeiter zu messen und ihr Einkommen davon abhängig zu machen. Ein englischer Betriebspsychologe hat sogar eine Methode entwickelt, um etwas so Qualitatives wie Verantwortlichkeit*[2] *auf eine messbare Größe zu reduzieren.*

Bei all diesen Messungen ist die Rede von mehr und weniger, schneller und langsamer, schwerer und leichter etc. Es gibt eine

2. Vgl. Jaques, E.: Measurement responsibility, London 1956 und Jaques, E.: Equitable payment, London 1961

Rangordnung, aber mit dieser Rangordnung ist noch kein Werturteil verbunden. Das geschieht erst in dem Moment, wo wir solche Messungen nicht nur für wissenschaftliche Zwecke ausführen, sondern sie die Grundlage unserer Interventionen bilden. Dann verlangt eine von 37 auf 40° C ansteigende Temperatur die zunehmende Aufmerksamkeit des Arztes, ebenso wie der Kaliumgehalt des Blutes, der Blutdruck und andere physiologische Messwerte. Und das gilt ebenso für die Radioaktivität von bestimmten Gewässern, den Grad der Luftverschmutzung und genauso für die Leistungen von Schülern und Arbeitnehmern.

Der Leser wird bemerkt haben, dass wir vom arglosen Messen auf ein Gebiet geraten sind, auf dem es um solche Fragen geht wie: »Was wissen wir durch dieses Messen und wie gehen wir – innerlich und äußerlich – mit diesem Wissen um?« Wir lassen wiederum dieses Gebiet noch etwas ruhen und kehren zum Ausgangspunkt zurück.

Der Messbedarf dehnt sich auch auf komplexere Erscheinungen aus, wo es nicht mehr nur darum geht, einen Faktor zu messen und in eine Rangordnung zu bringen, sondern um das Zusammenspiel von Faktoren und ihre Interaktivität. Es geht um ein System.

Das ist zum Beispiel der Fall, wenn es um die Qualität des Unterrichts bzw. einer konkreten Schule geht, um die Zweckmäßigkeit verschiedener Therapien, um die Menschen- und Umweltfreundlichkeit von Unternehmen, um die Beständigkeit von ökologischen Systemen, um die Schwere eines Konfliktes, eines Brandes, von Verschmutzung, Verwahrlosung und dergleichen.

Um zu einer verantwortungsvollen Rangordnung zu kommen, muss der Qualitätsbegriff für das entsprechende Gebiet definiert und handhabbar gemacht werden. Es wird deutlich, dass wir hier in einigen Fällen vom Deskriptiven ins Normative geraten: Was ist guter Unterricht? Wann ist eine Therapie effektiv? Was ist der Inhalt von menschen- bzw. umweltfreundlichen Unternehmen? Das ist eine

Entscheidung und die ist immer anfechtbar. Wie auch immer sie ausfällt: am Ende werden Parameter definiert und Messmethoden entwickelt. Dann können die konkreten ›Objekte‹ untersucht und die Ergebnisse im Sinne des Qualitätskonzeptes, von dem ausgegangen wurde, interpretiert werden. Das führt zur Einordnung der Objekte in einer Qualitätsskala, in einem Klassifikationssystem.

Auch hier wird es in den meisten Fällen nicht um reine wissenschaftliche Forschung gehen, sondern die Ergebnisse bilden die Grundlage für politische Intervention, Gewährung von Unterstützung, Schulwahl durch Eltern, den Einsatz von Mitteln bei Brand oder Umweltkatastrophen u.ä.[3]

Wiederum sind wir über das Einstufen der Wirklichkeit, über das Aufstellen von allerlei Rangordnungen für natürliche und gesellschaftliche Phänomene auf das Gebiet des moralischen Handelns mit allen seinen moralischen Aspekten gekommen. Wir werden noch einmal die Tür zu diesem Gebiet vorläufig schließen und fortfahren, nach Erscheinungen von Rangordnungen auf anderen Gebieten zu suchen.

Ränge und Stände

Wir haben im vorigen Abschnitt den Blick auf die natürliche Umgebung gerichtet, so wie sie vom Menschen angetroffen und dann auch bearbeitet wird. Wir haben gesehen, dass der denkende Intellekt, der diese sinnliche Welt zu begreifen versucht, gleichartige Merkmale unterscheidet und darin eine Rangordnung erkennt: größer und kleiner, kälter und wärmer, schneller und langsamer, mehr und weniger des einen oder anderen. So geartete Rangordnungen haben noch eine sichere Evidenz.

3. Die Triodos Bank NV hat eine umfangreiche Research-Abteilung, von der börsennotierte Unternehmen auf die Qualität ihrer Sozial- und Umweltpolitik hin untersucht werden. Die Ergebnisse dieser – vergleichenden – Untersuchungen stehen denjenigen Investoren zur Verfügung, die beim Kauf ihrer Anteile ethische Maßstäbe anlegen wollen.

Nun werden wir den Blick auf ein Gebiet richten, wo die Rangordnung nicht durch das menschliche Denken gefunden, sondern durch das menschliche Handeln erzeugt wird: das Gebiet der gesellschaftlichen Gliederung und der Ordnungen in Institutionen und Organisationen. Wir haben dieses Gebiet mit den Worten ›Ränge und Stände‹ bezeichnet. Ob Ränge und Stände wirklich als Menschenwerk zu charakterisieren sind, ist noch die Frage. Wir werden in Kapitel III darauf eingehen, ebenso wie auf die Frage, ob diese Gliederung für unsere Zeit noch relevant ist. In diesem Abschnitt wollen wir uns auf die Erscheinung als solche beschränken und untersuchen, wo sie uns entgegentritt.

Es wird deutlich werden, dass die Rangordnung, über die wir hier sprechen, nicht mehr so wertfrei ist wie diejenige, die wir im vorigen Abschnitt untersucht haben – obwohl wir auch dort schon dreimal an die ›normative Tür‹ gelangt sind, die wir eigentlich noch geschlossen halten wollten. Aber jetzt steht diese Tür weit offen: Ränge und Stände haben mit Macht zu tun, mit Verantwortlichkeit, aber auch mit Überlegenheitsgefühlen und Diskriminierung. Wir werden versuchen, im Bewusstsein der offenen ›normativen‹ Tür die Phänomene gleichwohl zu beschreiben. Dabei liegt es am meisten auf der Hand, den Blick auf die zwei ältesten gesellschaftlichen Institutionen zu richten: Kirche und Armee. Die katholische Kirche hat, ungeachtet ihrer weltweiten Verbreitung und ihrer Millionen von Mitgliedern, im Prinzip nur drei hierarchische Niveaus: Papst – Bischof – Pfarrer. Was wir als Kardinal, Erzbischof, Dekan, Kaplan usw. kennen, sind Funktionen, die die Basishierarchie unangetastet lassen. Eine so geartete hierarchische Ordnung muss Einheit in der Politik (und in diesem Fall im Glauben) bewirken. Sie ist auf Autorität und Gehorsam aufgebaut. Obwohl in anderen kirchlichen und religiösen Organisationen die Hierarchie andere Formen annimmt, bleibt das Prinzip unangetastet: nach oben hin wird die Pyramide immer schmaler und die Macht immer größer, nach unten hin immer breiter, aber der Raum für Eigeninitiative immer kleiner.

In manchen Sekten oder Vereinigungen findet diese hierarchische Ordnung noch ihren Niederschlag in Einweihungsgraden. Jede Stufe auf der hierarchischen Leiter ist verbunden mit einem Einweihungsritual. Auch wenn diese Rituale nach Form und Inhalt dekadent geworden und nicht mehr mit einem wesentlichen Entwicklungsschritt in Bewusstsein und Moralität verbunden sind, so wie es in den alten Mysterienschulen noch der Fall war, so ist das Auftreten von Einweihungsgraden doch ein deutliches Kennzeichen einer Rangordnung, einer hierarchischen Ordnung.

In der orthodoxen Kirche ist die Ikonenwand ein sichtbarer Ausdruck von Hierarchie. Das eigentliche Mysterium des heiligen Rituals spielt sich hinter dieser Wand ab. Das ist nicht für Laienaugen bestimmt. Ab und zu kommt der Priester durch eine der Türen der Ikonenwand nach draußen, um den Gläubigen zu erzählen, was sich dahinter abgespielt hat!

Wie stark das religiöse Leben von jeher mit der Ausrichtung auf Autoritäten verbunden ist, kann an der japanischen Kultur erlebt werden. Es geht nicht um die Organisation einer Kirchengemeinschaft, sondern um ein Zusammenleben, das durch und durch ritualisiert ist und seine höchste Autorität – den Kaiser – als Sonnengott erlebt. Nakamura spricht in seinem Buch[4] über Japan über den Kern der menschlichen Beziehungen, der aus absoluter Treue und Folgsamkeit gegenüber Übergeordneten besteht.[5]

Ähnlich ist die Armee organisiert. Vom Generalleutnant über den Oberst bis zum Fähnrich und Unteroffizier: Eine straffe Hierarchie, gestützt auf Befehl und Gehorsam, notwendige Voraussetzungen, um militärische Aktionen erfolgreich durchzuführen.

4. Vgl. Nakamura, S.: Doorbraak in woede, 2001

5. Es ist interessant, dass Nakamura ›seine‹ japanische Kultur mit zwei Begriffen charakterisiert, die direkt an unsere Themen Hierarchie und Gleichheit anschließen. Er spricht über den oben genannten Feudalismus (Orientierung an einer höheren Autorität), aber auch über einen starken kommunistischen Einschlag, wobei eine würgende Bürokratie alles gleich macht.

Dasselbe Ordnungsprinzip liegt auch der Organisation des politischen Lebens zu Grunde. Die verschiedenen Verwaltungsebenen bilden ein deutlich hierarchisches System: Gemeinde – Bundesland – Staat. An der Oberseite wird die Pyramide fortgesetzt auf europäischem und vielleicht sogar auf globalem Niveau, an der Unterseite finden weitere Gliederungen in Richtung Teilgemeinde- und Stadtteilinstitutionen statt. Außerdem gibt es weitere Verwaltungsniveaus auf Bezirks- und Kreisebene.

Noch stärker als in Kirche und Armee ist hier die hierarchische Struktur in Frage zu stellen: Welche Entscheidungen müssen auf welcher Ebene getroffen werden? Wer gibt Zuständigkeiten nach oben ab oder lässt sie nach unten los? Auf diese Fragen kommen wir – wie angekündigt – später zurück, um uns hier auf die Beschreibung des Phänomens als solches zu beschränken.

Nachdem wir in Bezug auf ›Ränge und Stände‹ etwas über das kirchlich-religiöse, das politische und das militärische Leben gesagt haben, richten wir jetzt den Blick auf das Wirtschaftsleben.

Kirche und Armee sind ehrwürdige alte Institutionen mit einer Jahrhunderte langen Tradition und Erfahrung im Umgang mit hierarchischen Systemen. Es ist denn auch kein Wunder, dass man, als – historisch gesehen erst vor kurzer Zeit – die ersten großen Handelshäuser und industriellen Unternehmen entstanden, für deren Organisation auf das Vorbild der zwei ›älteren Brüder‹ zurückgriff. Und so sehen wir große kommerzielle Organisationen auf genau dieselbe Weise hierarchisch aufgebaut: Vorstandsvorsitzender, Bereichsleiter, Sitemanager, Betriebsleiter, Abteilungsleiter, Bürochef, Meister, Vorarbeiter. Ungeachtet aller Teambildung, Mitbestimmungsorgane und Beratungsstrukturen eine unangetastete Befehlshierarchie. Mehr als alles andere hier Angeführte ist diese in Bewegung, aber darüber später mehr.

Die beschriebenen hierarchischen Systeme in Kirche, Armee, Staat und Wirtschaft haben miteinander gemein, dass sie mit Kompetenz, Verantwortlichkeit und Macht[6] zu tun haben.

Sie haben noch eine andere Gemeinsamkeit, und darum sind sie so schwierig in Bewegung zu bringen: Sie sind in gesetzlich festgelegten Berufungsprozeduren und anderen rechtlichen Rahmen verankert. Aber vor allen Dingen verläuft die Kompetenzhierarchie parallel zur Gehaltshierarchie (je höher die Position, desto höher das Einkommen), und sie verläuft auch parallel zu der zunehmenden Anzahl von Privilegien und Statussymbolen: die Arbeitsbedingungen, Umfang und Platz[7] der Arbeitsräume (mit oder ohne Sekretärin), die Automarke (mit oder ohne Chauffeur)[8], der Flugkomfort (First oder Business Class), die Anzahl der Sterne des Hotels, in dem man auf Dienstreisen übernachten darf, der Zugang zu V.I.P.-Räumen und dergleichen. Form und Inhalt dieser hierarchischen Strukturen erhalten sich gegenseitig aufrecht.

In Kirche und Armee wird die Hierarchie noch zusätzlich durch die Bekleidung (Bischofsmütze, Kardinalsmantel) bzw. durch die

6. Obwohl ich mich erinnere, wie Herr Wagner, zu jener Zeit der Generaldirektor von Shell, auf die Frage, wie er sich an der Spitze von einer so mächtigen Organisation fühle, mit einem Bild antwortete, das den Gipfel der Machtlosigkeit zeigt. Er sagte: »Ich fühle mich, als ob ich auf dem Rücken eines Brontosaurus sitze und schaue, wohin er geht.«
7. Im Allgemeinen nisten sich Vorstände im höchsten Stockwerk ihres ›Head Office Tower‹ ein. Daran musste ich denken, als ich in Salzburg auf einem mächtigen Felsen ein feudales Schloss liegen sah. Hier wurde in den Zeiten der Feudalherrscher die dritte Dimension der Landschaft dankbar benutzt, um die eigene hierarchische Position deutlich zu machen. Die armen Grafen von Holland in ihrem flachen Land, sie verblieben – um ein Beispiel zu nennen – hinter den Pappeln ihres Stammsitzes.
8. Ich erinnere mich an einen Kursus für ›Prokuristen‹ eines deutschen Unternehmens in den 70ger Jahren: Ein Teilnehmer stellte einen Praxisfall vor und zeichnete dazu ein Organogramm auf die Tafel. Es war die bekannte hierarchische Harke. Er schrieb dann daneben – um die Betriebskultur zu kennzeichnen – welcher Typ Mercedes auf welchem Niveau gefahren werden durfte (und musste). Von unten nach oben Mercedes 120, 180, 200, 220 bis 600! Ein anderer erzählte, dass einige Tage nach seiner Ernennung zum Prokuristen Leute von der Abteilung für Gebäudeverwaltung in seiner Dienstwohnung erschienen, um seine Toilette und sein Badezimmer zu renovieren (upgraden), weil er darauf jetzt Anspruch hatte.

Anzahl von Sternen und Balken sichtbar gemacht. Im Wirtschaftsleben erscheinen ab einem bestimmten Niveau die drei- oder mindestens zweiteiligen Anzüge.

Wir haben bis jetzt das Thema Ränge und Stände so besprochen, wie es uns in institutionalisierter Form entgegen kommt. Aber wir begegnen ihm auch in den Gefühlen von Menschen, möglicherweise als Erinnerung an Erfahrungen mit dem Leben in einem Ständestaat. In den sogenannten Entwicklungsländern sind feudale Verhältnisse übrigens noch an der Tagesordnung. Im Westen lebt es noch am deutlichsten in England, als Unterschied zwischen ›upper class‹, ›higher‹ und ›lower middle class‹ und ›lower class‹ (die ›underdogs‹). Aber in anderen westlichen Ländern, wo dies nicht mehr in diesem Sinne lebt, kann jeder Mensch ihm in seiner eigenen Seele begegnen, wenn er ehrlich auf sein Gewissen hört. Wir gelangen damit zum Thema Gleichwertigkeit (Kapitel II), das wir aber im Zusammenhang mit Rängen und Ständen hier schon einmal ansprechen müssen. Wir wissen alle, dass »everybody is equal«, aber klingt da nicht etwas in uns mit, das sagt: »But some are more equal and others less«[9]?

Denn, so höre ich eine leise Stimme in mir selber sagen:

- Schließlich habe ich an einer Hochschule studiert, und der andere hat den mittleren Bildungsweg gewählt (im Französischen spricht man von der ›Ecole superieur‹, und das klingt noch einmal ganz anders. Die anderen Schulen sind dann eigentlich ›inferieur‹.
- Schließlich bin ich ein Experte, ein Fachmann, und der andere ein Laie (irgendwo in uns steckt wohl der Expertokrat, der nicht weiß, was aus der Welt werden soll, wenn die Laien das Sagen hätten).
- Schließlich bin ich ein Erwachsener und der andere ist nur ein Kind (wie kann man erziehen, wenn man die eigene Autorität nicht gelten lässt?).

9. Ein pikantes Beispiel aus der Politik: Die Kroaten fanden es eine gute und gerechtfertigte Sache, dass Kriegsverbrechen durch das jugoslavische Tribunal abgeurteilt wurden. Aber als sich herausstellte, dass nicht nur Serben, sondern auch sie selbst darunter fielen, wurden sie böse und sagten: »Das gilt natürlich nicht für diejenigen, die gewonnen haben!«

- Schließlich stamme ich aus einem alten Patriziergeschlecht und der andere ist von einfacher Herkunft.
- Schließlich trage ich eine große Verantwortung und setze mich für gesellschaftliche Ideale ein. Und schau dir nur an, wie der andere mit seiner Sozialhilfe uns alle parasitiert (Der Meritokrat, der Herrscher aus persönlichem Verdienst, schlummert in jedem von uns. Die Bedeutung eines Menschen wird an seinem Wert für das Zusammenleben abgelesen. Und diese Menschen müssen dann auch das Sagen haben).
- Schließlich (und dieses Stimmchen kommt von ganz weit weg, weil wir es eigentlich nicht zu hören wagen) bin ich ein Weißer aus der westlichen Welt und der andere kommt aus einer primitiven Kultur.[10]
- Schließlich (ein Stimmchen von noch weiter weg) bin ich ein Mann und sie nur eine Frau …

Nun wird der Ständestaat nicht nur am oberen Ende der Leiter durch Gefühle in Stand gehalten, die wir in einer Zeit, in der die Gleichberechtigung aller Menschen in aller Munde ist, kaum in uns selber zuzulassen, geschweige denn auszusprechen wagen, die aber wohl unser Verhalten beeinflussen. Dieser Ständestaat wird auch vom unteren Ende der Leiter her in Stand gehalten von Menschen, die sich mit ihrer Rolle als ›underdog‹ identifizieren und sagen: »Ich habe schließlich nur Hauptschulabschluss und bin Laie, ich bin schließlich nur ein einfacher ungelernter Arbeiter oder eine schlichte Hausfrau, ich komme schließlich direkt aus dem *Urwald* in diese zivilisierte Welt.«

Durch solche Gefühle wird der Ständestaat auch vom unteren

10. Wer das Buch von Geert Mak »De eeuw van mijn vader« (»Das Jahrhundert meines Vaters«, Amsterdam 1999) gelesen hat, wird sich erinnern, mit welcher Selbstverständlichkeit noch in der ersten Hälfte des 20. Jahrhunderts sich weiße Kolonisten als Kulturträger erlebten, die Menschen, die keine Kultur hatten und damit als Menschen eigentlich nicht ernst genommen werden mussten, die Kultur erst bringen mussten.

Ende her in Stand gehalten. Es ist deutlich, dass sowohl in den äußeren Einrichtungen, als auch in den Gefühlen der Menschen Veränderungen eingesetzt haben, die die letzten Reste (und die sind zäh!) dieser archaischen sozialen Formen auszurotten bzw. umzuformen versuchen.

Aber wir müssen das Thema Rangordnung noch aus einem dritten Blickwinkel untersuchen.

Hierarchien des Geistes

Insofern der Geist als Realität, als wesenhaft erlebt wird, ist dieses Erleben mit einer selbstverständlichen Rangordnung verbunden. Man spricht von einer höheren Welt und von der Entwicklung eines höheren Bewusstseins. Wer sich im Gebet zum Höheren wendet, kniet und beugt sein Haupt, um seine Demut zum Ausdruck zu bringen. Brot und Wein werden am Altar emporgehoben, der Weihrauch steigt auf.

Nicht allein zwischen den Menschen und dem Göttlichen existiert eine Rangordnung, sondern auch innerhalb der Welt des Geistes. Wo die geistige Welt noch als wesenhaft erlebt wird, kommt die Rangordnung in einer Hierarchie von höheren und niedrigeren, mächtigen und weniger mächtigen Wesen zum Ausdruck.

Nur monotheistische Religionen bilden darin eine Ausnahme (»Es gibt nur einen Allah ...«). Alle anderen Religionen kennen – zumindest durch ihre Mythologien dokumentiert – eine Rangordnung von geistigen Wesen, die auf sehr unterschiedliche Weise angebetet und denen sehr differenziert geopfert wird[11].

Auch die christliche Theologie kennt das Bild einer hierarchisch geordneten göttlich-geistigen Welt. Diese Hierarchienlehre wurde durch Dionysius, den Areopagiten, einen Schüler von Paulus, gelehrt. Paulus stiftete in der Philosophenschule in Athen – heute würde man sagen – eine christlich esoterische Fakultät. An dieser lehrten Paulus und sein Schüler Dionysius die christliche Hierarchienlehre. Im sechsten Jahrhundert, kurz vor der Schließung der Schule durch Justinian, wurde diese Lehre aufgeschrieben. Erst im neunten Jahrhundert wurde sie durch Scotus Eriugena ins Lateinische übersetzt und gelangte so ins Abendland. Sie hatte damals noch ihren vollen Reichtum – eine Wesensordnung, die folgendermaßen aussieht:

1. Hierarchie	Seraphim Cherubim Throne	Diener des Vatergottes
2. Hierarchie	Kyriotetes Dynamis Exusiai	Diener des Sohnesgottes
3. Hierarchie	Archai Archangeloi Angeloi	Diener des Geistgottes

In den verborgenen Strömungen des esoterischen Christentums lebte dieses Bewusstsein weiter fort und wurde in der sakralen bildenden Kunst noch zum Ausdruck gebracht. Dann trat es durch die Säkularisierung des Glaubens und den aufkommenden Intellektua-

11. Auf einer Reise durch Indonesien fiel uns auf, dass unter dem monotheistischen Deckmantel des Islam doch noch eine polytheistische Kultur blüht. Wir sahen Opferhäuschen in den Reisfeldern, wo an einen Reisgott geopfert wird, von dem Allah keine Ahnung hat ... Auf Bali angekommen sahen wir, wie sich der Hinduismus ungehindert auslebte. In den Gärten der Häuser wurden an einer Vielzahl von Altartischen äußerst subtil differenzierte Opfer an eine Vielzahl von lokalen und auch höheren Göttern erbracht. Jeder Gott hatte seinen eigenen Weihrauch, seine eigenen Opfergaben, seine eigenen mantrischen Sprüche. Für viele Frauen war das fast ein volles Tagesprogramm.

lismus in den Hintergrund. Zu Beginn des 20. Jahrhunderts hat Rudolf Steiner die Wirklichkeit der hierarchisch geordneten Geistwelt für das moderne Bewusstsein aufs Neue beschrieben. Seine geisteswissenschaftlichen Forschungen konnten die früh-christlichen Beschreibungen bestätigen, aber auch beträchtlich vertiefen und konkretisieren. In seinem Buch »Die Geheimwissenschaft im Umriss«[12] beschreibt er, wie die Wirksamkeit von hierarchischen Wesen die gesamte Entwicklung von Mensch und Erde initiiert und begleitet.

Es ist interessant, dass auch in exoterischen, naturwissenschaftlich orientierten Kreisen das Bewusstsein wächst, dass die Welt hierarchisch geordnet ist, zumindest dass man verschiedene Wirklichkeitsebenen unterscheiden kann. Am NPI-Institut für Organisationsentwicklung, an dem ich den Großteil meines Berufslebens zugebracht habe, haben wir mit der Frage gerungen: Wie müssen wir adäquat über die Erscheinung ›Organisation‹ denken? Was ist das Wesen eines sozialen Organismus und mit welcher Art von Gedanken müssen wir uns dem nähern, so dass wir dem Phänomen keine Gewalt antun? Wir hatten den Eindruck, dass in den üblichen Organisationen viel zu linear, zu ›platt‹, zu mechanisch gedacht wird. Ich erinnere mich noch, wie Dr. Lievegoed, der Gründer des Instituts, bei einer unserer Samstagabend-Zusammenkünfte erzählte, dass er einen Artikel von Kenneth Boulding mit dem Titel »General system theory«[13] gefunden hatte. Er beschreibt darin eine hierarchische Ordnung von Systemen, interessanterweise 3 x 3. Die Wirklichkeit ist geschichtet, und jede Wirklichkeitsschicht verlangt eine andere Vorgehensweise. Wir haben uns intern viel mit Boulding beschäftigt. Er hat uns die Augen geöffnet für den lernenden Umgang mit den verschiedenen Wirklichkeitsschichten. Ich lasse hier ein ausführliches Zitat aus dem Buch von Lievegoed[14] folgen, in dem er auf Boulding eingeht:

Absatz 33 und 34: »Die am besten ausgearbeitete Grundlage für

12. Vgl. Steiner, R.: Die Geheimwissenschaft im Umriss, Dornach 1985
13. Vgl. Boulding, K.: General systems theory, the skeleton of sience, Management sience 1956
14. Vgl. Lievegoed, B.C.J.: Organisaties in ontwikkeling, Rotterdam 1969

eine allgemeine Systemtheorie stammt von dem bekannten amerikanischen Ökonomen Kenneth Boulding. Er unterscheidet eine Hierarchie von neun Niveaus von Systemen. Dabei trägt jedes höhere Niveau alle niedrigeren in sich, fügt aber eine neue Dimension hinzu, die in den unteren nicht aktiv wirksam war. Jedes höhere Niveau hat dadurch ein größeres Maß an Differenzierung und Komplexität.«

Die neun Niveaus von Kenneth Boulding:

9. Das Niveau der transzendentalen Systeme
8. Das Niveau der sozialen Systeme
7. Das Niveau der Menschen
6. Das Niveau der Tiere
5. Das genetisch-soziale Niveau (Pflanze, Organbildung)
4. Das Niveau der offenen oder sich selbst erhaltenden Systeme (Zelle)
3. Das Niveau der Kybernetischen Systeme (eingebaute Kontrolle)
2. Das Niveau der Uhrwerk-Systeme
1. Das Niveau der Framework- oder Skelett-Systeme

Von unten beginnend:

1. Die Framework-Systeme sind räumlich statische Strukturen wie die Geographie oder die Anatomie, das Atommodell, die chemischen Formeln, das Organisationsschema eines Betriebes usw.
2. Die Uhrwerk-Systeme sind einfache dynamische Systeme mit determinierten, feststehenden Bewegungen. Hier ist also der Faktor Zeit in das System aufgenommen. Einfache Maschinen, Uhren, unser Sonnensystem, sowie einfache Gleichgewichts-Systeme und z.B. auch ein Zinseszins-System.

3. Kybernetische Systeme oder Thermostat-Systeme, wo durch Rückkoppelung von Informationen eine oder mehrere Variablen konstant gehalten werden. Dies wird in vielen technischen Geräten angewendet.
4. Offene oder sich selbst erhaltende Systeme. Hier beginnt das Leben mit dem ›Mysterium‹ der Selbsterhaltung unter verschiedenen Umständen, die Homöostase. Das ist das Niveau der Zelle mit Selbst-Reproduktion, d.h. es wird die gesamte Information des (lebenden) Systems weitergegeben.
5. Das genetisch-soziale Niveau steht über dem Zell-Leben, da es in der Pflanze imstande ist, Gruppen von Zellen zu Organen und von vornherein feststehenden Endformen anzuordnen (›blue printed growth‹).
6. Das Niveau der Tiere fügt dem pflanzlichen Niveau die Fähigkeit hinzu, Informationen innerhalb des Systems zu verarbeiten und zu bewahren. Es entstehen spezielle Organe für die Informationsaufnahme (Augen, Ohren usw.) und ein Bewusstsein, in dem sich ein Bild und ein Überblick über die Umgebung als Ganzes formen kann. In dem Tier wird die äußere Information zu etwas essenziell anderem als diese Information selbst darstellt.
7. Das Niveau des Menschen: Das individuelle menschliche Wesen wird als ein System gesehen. Zusätzlich zu allem Vorhergehenden hat der Mensch die Fähigkeit zur Selbstreflexion. Er weiß nicht nur, sondern er weiß, dass er weiß. Diese Eigenschaft ist mit der Fähigkeit verbunden, eine Sprache zu formen und Symbole zu gebrauchen. Der Mensch ist auch der Einzige, der wissend in der Zeit lebt. Dadurch kann er zukünftige Ereignisse bewusst antizipieren.
8. Das Niveau der sozialen Organisationen: Der Mensch wird nur ›Mensch‹ in einer sozialen Situation. Der Mensch ist auf

Erziehung angewiesen – in sozialen Systemen spielt er verschiedene Rollen. Die soziale Organisation hat eigene Variablen, wie z.B. Werte, Normen, Ziele und Erwartungen und ihre eigenen sozialen Verhältnisse. Kultur entsteht innerhalb der sozialen Systeme: Kultur mit all ihrem Reichtum an Wissenschaft, Kunst und Religion.

9. Transzendentale Systeme: Schließlich gibt es noch nichtmaterielle Systeme von Logik, von Axiomen und Glauben. Boulding beschließt dieses höchste Niveau mit den Worten: »It will be a sad day for man when nobody is allowed to ask questions that do not have any answers.«[15]

15. Dazu kann man bemerken, dass die Hierarchie der Niveaus von unten nach oben gedacht werden muss, beginnend mit den einfachen ›toten‹ Framework-Systemen. Jedes höhere Niveau entwickelt sich dann aus einem tieferen durch erhöhte Komplexität. Man kann die Hierarchie der Niveaus auch von oben nach unten denken, jedes tiefere Niveau entsteht dann durch Reduktion, Herausfallen oder Abscheidung.
Die erste Version ist die des nominalistischen Materialismus, die zweite die der intelligenten Schöpfung, des spirituellen Realismus. Der Streit zwischen Nominalismus und Realismus ist uralt, und er wurde niemals entschieden. Man kann nur wahrnehmen, dass die in der Wissenschaft tätigen Menschen eine Vorliebe für eine der beiden Versionen entwickeln. Der Streit wirkt weiter bis in die Unterschiede in der Weltanschauung und der wissenschaftlichen Methodik hinein.
Im Bereich des Lebendigen kann man bisher nur das Skelett, die Uhrwerk-Systeme und die kybernetischen Prozesse erforschen und nachahmen, die Selbsterhaltung und Selbstreproduktion noch nicht. Daneben hat die Philosophie schon Jahrtausende lang transzendentale Systeme entworfen, verworfen und wieder aufgenommen.
Wenn wir bedenken, dass eine Betriebskunde als soziale Wissenschaft sich auf dem achten Niveau abspielen müsste, dann möge es zur Bescheidenheit mahnen, dass dafür nur die primitiven Begriffsinstrumente aus den drei untersten Niveaus angewendet werden können. So kann man Strukturen als Skelettsysteme (Organisationsschemata), als Prozess-Ströme, Gleichgewichtserscheinungen oder als kybernetische Systeme behandeln, aber noch nicht als lebendige Organismen.
Auf der anderen Seite liegt jede soziale Wissenschaft als achtes Niveau dicht am Niveau der transzendentalen Systeme, aus denen oft ihre Werte, Entscheidungskriterien, Vorlieben und Zielrichtungen stammen (z.B. das allgemeine Wohl in der Wirtschaft, Selbstverwirklichung in der Pädagogik und in der sozialen Betriebswissenschaft).

Der Vorteil der Einteilung von K. Boulding ist, dass sie uns ein Bild davon vermittelt, wie weit wir mit unserer Wissenschaft gekommen sind: Die ›moderne‹ Wissenschaft hat mit der sorgfältigen Beschreibung des Framework-Sytems begonnen. Geographie, Anatomie, Biologie, Physik und Chemie sind dafür ein Beispiel. Dann begann man die sich in der Zeit wiederholenden Erscheinungen als eigenes System zu untersuchen: die Schwingungsgesetze, der freie Fall und die Mechanik. Mit diesen zwei Niveaus kann der Mensch schon viele Maschinen konstruieren.

Als Drittes entdeckte er, ziemlich spät, die kybernetischen Systeme, den Schwimmer im Spülkasten des WCs, die sich drehenden Bälle, die die Dampfklappe der ersten Dampfmaschine regeln, usw.

Unsere heutige Naturwissenschaft bewegt sich noch immer ausschließlich in den drei unteren Niveaus. In der Biochemie bemüht man sich auf das Äußerste, vom dritten auf das vierte Niveau zu gelangen. Trotz allem Optimismus muss man feststellen, dass das Leben, das man nachahmen möchte, noch immer von außen aufrecht erhalten werden muss (Niveau 3) und dass gerade das Wesentliche von Niveau 4 fehlt.

Als wir uns, inspiriert von Boulding, in dieser Art mit der hierarchischen Ordnung der Welt beschäftigten, fiel mir ein Zitat von Goethe[16] in die Hände, in dem er mehr als anderthalb Jahrhunderte früher auf einem ganz anderen Weg ebenfalls eine neunfältige Schichtung der Wirklichkeit entdeckt. Es war überraschend die Übereinstimmung mit Boulding zu sehen.

Auch hier überlasse ich in einem ausführlichen Zitat den Autoren (Steiner und Goethe) das Wort:

»Durchgeistigt denkt sich Goethe die ganze Natur. Ihre Formen sind dadurch verschieden, dass der Geist in ihnen mehr oder weniger auch äußerlich sichtbar wird. Eine tote geistlose Materie kennt Goethe nicht. Als solche erscheinen diejenigen Dinge, in denen sich

16. Vgl. Steiner, R.: Goethes Weltanschauung, Dornach 1990

der Geist der Natur eine seinem ideellen Wesen unähnliche äußere Form gibt. Weil ein Geist in der Natur und im menschlichen Innern wirkt, deshalb kann der Mensch sich zur Teilnahme an den Produktionen der Natur erheben.« »Vom Ziegelstein, der dem Dache entstürzt, bis zum leuchtenden Geistesblitz, der dir aufgeht und den du mitteilst«, gilt für Goethe alles im Weltall als Wirkung, als Manifestation eines schöpferischen Geistes. »Alle Wirkungen, von welcher Art sie seien, die wir in der Erfahrung bemerken, hängen auf die stetigste Weise zusammen, gehen ineinander über; sie undulieren von der ersten bis zur letzten, steigen also wellenförmig auf und ab.«

»Ein Ziegelstein löst sich vom Dache los: wir nennen dies im gemeinen Sinne zufällig; er trifft die Schultern eines Vorübergehenden doch wohl mechanisch; allein nicht ganz mechanisch, er folgt den Gesetzen der Schwere, und so wirkt er physisch. Die zerrissenen Lebensgefäße geben sogleich ihre Funktion auf; im Augenblicke wirken die Säfte chemisch, die elementaren Eigenschaften treten hervor. Allein das gestörte organische Leben widersetzt sich ebenso schnell und sucht sich herzustellen; indessen ist das menschliche Ganze mehr oder weniger bewusstlos und psychisch zerrüttet. Die sich wiedererkennende Person fühlt sich ethisch im Tiefsten verletzt; sie beklagt ihre gestörte Tätigkeit, von welcher Art sie auch sei, aber ungern ergäbe der Mensch sich in Geduld. Religiös hingegen wird ihm leicht, diesen Fall einer höheren Schickung zuzuschreiben, ihn als Bewahrung vor größerem Übel, als Einleitung zu höherem Guten anzusehen. Dies reicht hin für den Leidenden; aber der Genesende erhebt sich genial, vertraut Gott und sich selbst und fühlt sich gerettet, ergreift auch wohl das Zufällige, wendet‹s zu seinem Vorteil, um einen ewig frischen Lebenskreis zu beginnen.« Als Modifikationen des Geistes erscheinen Goethe alle Weltwirkungen.

Und der Mensch, der sich in sie vertieft und sie beobachtet von der Stufe des Zufälligen bis zu der des Genialen, durchlebt die Metamorphose des Geistes von der Gestalt, in der sich dieser in einer ihm unähnlichen äußeren Erscheinung darstellt, bis zu der, wo er in seiner ihm ureigensten Form erscheint. Einheitlich wirkend sind im Sinne der Goetheschen Weltanschauung alle schöpferischen Kräfte. Ein Ganzes, das sich in einer Stufenfolge von verwandten Mannigfaltigkeiten offenbart, sind sie. Goethe war aber nie geneigt, sich die Einheit der Welt als einförmig vorzustellen.

Wir sind nicht alle Okkultisten, die die geistige Welt denken oder sogar wahrnehmen können. Wir sind auch nicht alle Wissenschaftler, die sich denkend durch die Schichten der Erscheinungswelt bewegen können. Und doch können wir ganz konkret, von ganz Nahem, direkt nachvollziehbar erfahren, dass unser Geist ein Teil einer hierarchisch geordneten Wirklichkeit ist, in der er sich mühelos auf und ab bewegt. Das möchte ich ganz kurz deutlich machen.

Wenn ich den Begriff Wohnungseinrichtung gebrauche, kann ich fragen: Was fällt unter diesen Begriff und was kann ich dabei unterscheiden? Die Antwort lautet dann beispielsweise: Möbel, Wohntextilien und Fußbodenbelag. Umgekehrt: Wenn ich diese drei Begriffe nebeneinander stelle und frage: Was haben sie gemeinsam? Unter welchen Oberbegriff fallen sie? Dann ist die Antwort: Wohnungseinrichtung. Ich kann den Prozess nach unten hin mit der Frage fortsetzen: Was kann ich innerhalb der Kategorie Möbel unterscheiden? Antwort: Tische, Stühle, Schränke. Und umgekehrt: Was haben diese drei gemeinsam? Antwort: Es sind Möbel. Und so fort mit den Tischen, die Schreibtische, Esstische und Spieltische umfassen.[17]

Entlang dieser Leiter können wir uns mühelos auf- und abwärts bewegen. Das Höhere umfasst immer das Tiefere, das Tiefere ist immer ein Teil des Höheren. Nach oben hin wird es immer abstrakter

17. Bei der Einteilung von Warenhäusern und Supermärkten sehen wir dieses Prinzip in die Praxis umgesetzt. Es ermöglicht dem Kunden zu finden, was er sucht, obwohl die Wirklichkeit sich nicht immer problemlos klassifizieren lässt. Und dann muss man suchen und probieren, die innere Logik der Einteilung zu entdecken.

und allgemeiner[18], nach unten hin immer konkreter und spezifischer. Die Frage, danach, was wir innerhalb des Begriffs unterscheiden können, führt uns nach unten. Die Frage danach, was die Begriffe gemeinsam haben, nach oben. Alle Typologien und Klassifikationssysteme beruhen darauf. Es ist ein sich hin und her bewegen zwischen Geist und Stoff, zwischen Begriff und Wahrnehmung, zwischen Idee und Wirklichkeit.

Was ist das für eine merkwürdige Fähigkeit des denkenden Geistes des Menschen? Auf der einen Seite die Fähigkeit in der verwirrenden Vielfalt der einzelnen sinnlichen Eindrücke eine ›Gestalt‹ zu erkennen und die Dinge zu benennen, auf der anderen Seite sich gerade vollständig von der Sinnlichkeit zu lösen und in den Gedanken als solchen zu leben. Den allerersten Anfang davon vollziehen Kinder in der Grundschule bei ihrer ersten Begegnung mit Algebra. Sie haben anhand des Konkreten Rechnen gelernt: 2 Bohnen und 2 Bohnen sind 4 Bohnen, 3 Pferde und 4 Pferde sind 7 Pferde. Und dann kommt in einem bestimmten Moment die Frage: Was ist 2 und 2? »2 was«, fragt das Kind. Nicht was, sagt die Lehrerin oder der Lehrer, einfach 2. Wir können uns kaum noch vorstellen, was für einen Sprung im Bewusstsein das bedeutet. Später wird das dann, z.B. in der analytischen Geometrie noch intensiviert. Man hört dann die Definition des Kreises: der geometrische Ort aller Punkte, die von einem Punkt gleich weit entfernt sind. Ohne einen Kreis zu sehen, kann man ihn denken, und zwar alle jemals gezeichneten und noch

18. Die Gefahr von diesem Weg nach oben ist, dass das Unterscheidungsvermögen sich auflöst. Auf einem hohen Abstraktionsniveau wird alles vergleichbar bzw. identisch. Das kann im sozialen Leben manipulativ missbraucht werden, aber auch ohne solche Motive zu Problemen führen. Ein klassisches Beispiel ist die Diskussion über die Zulässigkeit von genetischen Manipulationen und artübergreifenden Eingriffen in die Natur. Die Befürworter erklären lauthals: »Worüber macht ihr euch eigentlich Sorgen? Wir sind schon seit Jahrtausenden mit Kreuzen, Selektieren und Veredeln beschäftigt. Warum also plötzlich diese Panik?« Auf dem Abstraktionsniveau »Eingreifen in die Natur« ist nichts verändert, aber wenn damit auch alle Unterschiede zwischen den Motiven warum, den Mitteln womit und den Bereichen, in denen eingegriffen wird, egalisiert werden, wird der Wirklichkeit Gewalt angetan.

zu zeichnenden Kreise. Und genauso geht das auch mit Ellipsen, Parabeln und Hyperbeln. Wenn wir so den denkenden Geist von seiner sinnlichen Gebundenheit lösen und ihm die Möglichkeit geben, sich mit dem Wesentlichen der Dinge zu verbinden, ist das nicht ein Weg auf die unterste Sprosse der geistig-wesenhaften Hierarchieleiter?

Auch auf einem ganz anderen Weg kann dieser Zugang gefunden werden, und damit kommen wir zurück zum Beginn dieses Abschnitts: die Orientierung des religiösen Menschen. Auch wer allen Glauben an die höhere Welt, die Engel und Erzengel und an die Existenz eines Gottes verloren hat, kann durch eine Dreizahl innerer Erfahrungen einen neuen eigenen Zugang zu der Realität einer sich über ihm befindlichen geistig-hierarchischen Welt finden.

Die erste Erfahrung ist die Stimme des Gewissens. Woher kommt diese Stimme? Wer ruft mich da zur Ordnung? Warum will ich darauf hören? Was gibt mir die innere Sicherheit, dass es wahr ist, was diese Stimme ausspricht?[19]

Die zweite innere Erfahrung, die einen Zugang zum Höheren vermittelt, ist meine Ausrichtung an Idealen. Mit dem Älterwerden bemerke ich, dass in mir ein innerer Kompass lebt, mit dem ich bestimmte Werte und bestimmte Lebensqualitäten ansteuere. Wo kommen die her? Woher weiß ich, dass sie zu mir gehören und dass ihre Bedeutung weit über meine persönliche Betroffenheit hinausgeht?

Die dritte innere Erfahrung hat mit der Lenkung meines Schicksals zu tun. Wer entscheidet? Wer denkt sich die Szenarien aus? Wer bestimmt die Strategie? Bin ich das selber? Durch das Tor solcher

19. Diese Stimme des Gewissens ist die höchste Sprosse einer Leiter, von der wir die erste Sprosse im sogenannten Meta-Bewusstsein selbst schaffen können. Das ist der Fachausdruck für eine Situation, in der wir uns über die Realität, in der wir uns gerade befinden, bzw. die wir selbst gerade schaffen, erheben können. Wir stellen kritische Fragen im Sinne von: Was tun wir gerade? Wie verläuft der Prozess? Wer hat hier eigentlich die Leitung etc.? Wir schaffen selbst eine Art innere Hierarchie und schauen von einem höheren Standpunkt aus ›nach unten‹. Die Stimme des Gewissens ist die höchste Form davon.

Erfahrungen kann die Einsicht einziehen, dass ich nicht nur ›nach unten‹ mit den mich umgebenden Naturreichen, sondern auch nach oben mit meinem höheren Ich, mit meinem Engelwesen, mit noch höheren Wesen verbunden bin. Es sind Fragen, aber die genannten Erfahrungen öffnen die Tür zur Geistwirklichkeit einer hierarchischen Welt. Und wenn diese Erfahrungen sich verbinden mit den vorher genannten des denkenden Geistes, kann eine spannende Entdeckungsreise in das Reich des Geistes ihren Anfang nehmen.

So weit ein erster Erkundungszug in das Gebiet der Rangordnung. Wir haben mit dem Wiegen, Messen und Zählen im Gebiet der stofflichen Welt begonnen. Danach haben wir Ränge und Stände im gesellschaftlichen Bereich untersucht und schließlich haben wir den Blick auf die Geistwelt gerichtet. Wir haben die verschiedensten Erscheinungsformen des Phänomens Rangordnung gesehen und sind den Einfallstoren begegnet, durch die der Hochmut hereinschlüpft und die neutralen oder auch funktionalen Rangordnungen mit subjektiven Werturteilen interpretiert und im eigenen Interesse handhabt. Wir haben diese Tore noch so weit wie möglich geschlossen gehalten, um uns zuerst – im folgenden Kapitel – mit dem zweiten Thema dieser Studie zu beschäftigen: der Gleichheit.

II.

Phänomenologie der Erscheinung »Gleichheit«[20]

Mit dem Begriff Gleichheit betreten wir eine sehr abwechslungsreiche Landschaft. Was uns hier begegnet, findet seinen Ausdruck in Worten wie gleichartig, gleichwertig, gleichnamig, gleichmäßig, gleichzeitig, Gleichnis, vergleichen, gleichberechtigt, gleichgesinnt, gleichlautend, gleichmütig, Gleichgewicht, Gleichschaltung. An dieser willkürlichen Aufzählung von Wortkompositionen mit dem Wort ›gleich‹ zeigt sich sofort, dass uns auf den verschiedensten Lebensgebieten Erscheinungsformen des Phänomens Gleichheit begegnen. Wir wollen versuchen, hier etwas Ordnung zu schaffen und sehen, ob wir damit der Antwort auf unsere Ausgangsfrage auf die Spur kommen.

Später werden wir uns auch noch damit beschäftigen, dass es die moderne Technik durch Reproduktions- und Kopierverfahren möglich gemacht hat, endlos das Gleiche herzustellen. Tatsächlich beginnt diese Möglichkeit schon mit dem Einsatz der ersten Schablonen und Modelle und dann natürlich mit der Erfindung der Druckkunst.

20. Auch hier schließen wir nicht an den Begriff der Gleichwertigkeit aus dem Untertitel des Buches an, sondern beginnen mit dem etwas neutraleren Begriff Gleichheit.

Gleichheit und Gleichwertigkeit

Wenn wir über Menschenrechte sprechen, so ist das untrennbar mit dem Begriff der Gleichheit verbunden. Gerechtigkeit gilt für alle Menschen. Es geht um allgemeine Menschenrechte. Wir können in Bezug auf die Regeln des Rechtslebens nicht mit zwei Maßen messen. In Hinsicht auf diese Regeln sind alle Menschen gleich. Wer von rechts kommt oder auf einer Vorfahrtstraße fährt, hat Vorfahrt, egal ob er ein Ausländer oder ein Einheimischer ist. Wer arbeitslos wird, hat ein Recht auf Arbeitslosengeld, ob er nun Hauptschulabschluss oder einen akademischen Grad hat. Wer mit Aktien handelt, darf kein Vorwissen haben, das ihn im Verhältnis zu anderen in eine günstigere Position bringt.

Warum finden wir das richtig? Warum gibt es die zunehmende Überzeugung, dass es so etwas wie allgemeine Menschenrechte gibt? Ich denke, weil wir finden, dass die Menschen gleichwertig sind. Aber was beinhaltet denn dieser Begriff? Es kann doch kein ökonomischer Begriff sein. Denn wenn wir schauen, wie die Gesellschaft Menschen entlohnt, dann sind sie sehr ungleichwertig. Arbeitslose brauchen wir nicht, sie sind eigentlich wertlos. Oder noch schlimmer: durch ihren Anspruch auf Arbeitslosengeld stellen sie einen negativen Wert dar. Und Fußballspieler stehen als Millionenwert in der Bilanz. Das ist Meritokratie und das hat nichts mit Gleichwertigkeit zu tun. Denn was geschieht in so einem Fall? Das diskursive Denken kann Eigenschaften isolieren – in diesem Fall, was der ökonomische Wert von einem Objekt oder Menschen ist. Die unterschiedlichsten Objekte werden dann an einem einzigen Ähnlichkeits- oder Gleichheitskriterium gemessen, bewertet und dann verglichen. Sie werden eigentlich erst gleich gemacht und dann kann man sie – funktional – vergleichen. Das Eigene geht dabei verloren, weil die isolierten – vergleichbaren – Eigenschaften niemals für sich allein betrachtet werden können, sondern ihre Bedeutung erst in dem einzigartigen unvergleichbaren Ganzen erhalten, aus dem sie herausgegriffen wurden. Wenn die Gleichwertigkeit also keine meritokratische Bedeutung hat, welche Bedeutung hat sie dann?

Die Antwort wird deutlich, wenn wir einen Ausflug von der niederländischen in die deutsche Sprache machen. Was wir im Niederländischen mit dem einen Wort ›waarde‹ bezeichnen, wird im Deutschen in Wert (als ökonomischer Begriff) und Würde (als humaner Begriff) unterschieden. Menschen haben also gleiche Rechte, nicht weil sie ökonomisch den gleichen Wert darstellen, sondern weil es menschenunwürdig ist, sie in ihrer Menschenwürde anzutasten.

Was ist diese Würde, und warum ist sie für alle gleich? Für ein Ungeborenes, ein Kind, einen Erwachsenen, einen Alternden und einen Sterbenden; für einen Akademiker, einen Analphabeten und einen Geistesgestörten; für einen gesellschaftlich ›Angepassten‹ und einen Dissidenten, einen Kriminellen, um nur einige der möglichen Unterscheidungen zu nennen? Sie haben alle gemeinsam, dass sie auf dem Weg sind Mensch zu werden. Sie sind alle Repräsentanten desselben Menschenbildes, so wie es den Schöpfergeistern vor Augen stand und zu dem jeder von ihnen auf seine Weise auf dem Weg ist. Und diese eigene Weise drückt sich in der Körperlichkeit, den Lebensgewohnheiten, dem seelischen Habitus und im Schicksal aus. Damit ist der Weg, den jedes Individuum hier auf der Erde beschreitet, vollständig individuell. Menschen sind nicht vergleichbar, und doch sind sie alle gleich[21], das ist das geheimnisvolle Paradoxon des Menschenwesens.

Goethe muss das gewusst haben, als er die Worte niederschrieb, die ich diesem Buch mitgegeben habe:

21. Im Lichte des Todes entfallen alle irdischen Unterschiede zwischen den Menschen. Sie befreien sich von ihren irdischen Beschränkungen – durch die sie alle so verschieden sind – und erheben sich zu einem geistigen Dasein. Ein beeindruckendes Beispiel dafür ist der Massenfriedhof mit all seinen gleichen Kreuzen für so viele verschiedene Menschen.

Gleich sei keiner dem anderen,
doch gleich sei jeder dem Höchsten.
Wie das zu machen?
Es sei jeder vollendet in sich!

Was mathematisch evident ist: *Wenn B=A, C=A, D=A, E=A, F=A, dann ist A=B=C=D=E=F,* sieht im Menschlichen ganz anders aus. Je mehr wir uns individualisieren und folglich vom irdischen Gesichtspunkt her ungleich werden, desto mehr nähern wir uns unserem gemeinsamen geistigen Ursprung und finden uns darin als Gleiche.

Ich denke, dass das Erleben von Gleichwertigkeit[22] nur dann möglich ist, wenn jedem Menschen eine innere Würde, ein eigener, einzigartiger, nicht mit anderen vergleichbarer Wert zuerkannt wird, und diese Würde hat ihre Grundlage in einem spirituellen Menschenbild[23].

Die Fallgrube des Geistes

Wenn wir im Vorangehenden den Menschen als ein Geistwesen charakterisiert haben, das sich auf der Erde inkarniert, um dort für seine Entwicklung relevante Erfahrungen zu machen, öffnen sich dadurch für das Thema Gleichheit zwei Fallgruben.

22. Als der surinamische Künstler Erwin de Vries den Auftrag bekam, ein nationales Sklaverei-Denkmal zu entwerfen, wurde er über seine Arbeit interviewt. Er sagte damals unter anderem: »Was ich mit dem Denkmal betonen will, ist die Gleichheit aller Menschen. Ganz allmählich wird der Farbige vom Westen akzeptiert. Mein Monument ist vor allem für die weißen Niederländer gedacht, die von dieser Gleichwertigkeit noch nicht durchdrungen sind.«
23. Tatsächlich geht es hier um eine christlich-esoterische Thematik. Wer auf dem Weg zu sich selber ist, sein Menschsein zu läutern versucht, die Tür zu seinem höheren Wesen öffnen will, geht faktisch den Weg, den Paulus mit dem Wort »nicht ich, sondern der Christus in mir« bezeichnete. Es ist die höchste Form der Individualisierung, bei der jeder »vollendet in sich« ist. Aber gleichzeitig findet dabei eine Wesensvereinigung mit dem Christus als dem Menschheitsgeist, und damit mit allen anderen Menschen statt. Punkt und Umkreis fallen gewissermaßen zusammen. Je mehr wir uns individualisieren, desto mehr sozialisieren wir uns auch.

Die Fallgrube des Geistes sieht folgendermaßen aus. Wer sich denkend in das Reich des Geistes begibt, entdeckt Wahrheiten, und danach ist er auch auf der Suche, zunächst noch mit Bezug auf sinnliche Wahrnehmungen. Er findet dort Wahrheiten in Form von Gesetzmäßigkeiten, die er als Theorie, als Hypothese formuliert. Und die Wahrheit dieser Theorie findet er dadurch bestätigt, dass die Ergebnisse eines konditionierten Experiments vorhersagbar sind. Dahinter steht das Paradigma: Wie ich auf Grund meiner Theorie denke, dass die Wirklichkeit sich verhalten wird, muss dem tatsächlichen Verhalten, das ich wahrnehme *gleich* sein[24]. Hier erscheint die Gleichheitsthematik. So lange das Denken mit der Wahrnehmung in einer direkten Verbindung ist, bleibt die Fallgrube geschlossen. Das wird anders, sobald das Denken sich davon löst und sich auf seinen eigenen Flügeln in das Reich des Geistes begibt. Ungehindert durch die reichen Schattierungen und das unvorhersagbare Verhalten der sinnlichen Erscheinungen, will sagen ihre Unver-gleich-lichkeit, kann sich das Denken an der Schönheit und Evidenz großer Gedanken und Zusammenhänge, die sich manchmal zu Modellen verdichten, erfreuen. Damit hat sich die Gleichheitsfallgrube bereits geöffnet. Aus ihren Tiefen tönt es mir entgegen: »So soll die Wirklichkeit auf der Erde auch aussehen.« Und damit ist der Fundamentalist oder der Bürokrat in mir geboren.

Eine andere mögliche Bezeichnung dafür stammt von Rudolf Steiner. Er hat oft mit großem Enthusiasmus über den Philosophen Johann Gottlieb Fichte gesprochen, einen Mann, der eine so grandiose Denkkraft entwickelt hatte, dass er sich denkend der Geist-Realität des Ich näherte. Steiner hatte dafür immer die allergrößte Bewunderung. Im Zusammenhang mit der Revolution von 1919 kam er wie-

24. Menschen, darunter auch Wissenschaftler, wollen meistens Recht haben. Und das bedeutet faktisch, dass ihre Auffassung davon, wie die Wirklichkeit sich verhält oder verhalten hat, dem gerecht wird und dem gleicht, wie sie sich in Wirklichkeit verhält oder verhalten hat. Die soziale Komponente besteht darin, dass die Menschen, obwohl sie Recht haben bzw. das finden, nicht immer Recht bekommen ... (Im Niederländischen ein Wortspiel mit gelijk hebben = Recht haben und gelijk = gleich).

der auf Fichte zu sprechen und sagte: »Sie müssen sich natürlich klarmachen, dass Fichte ein Bolschewist war.« Die Zuhörer waren schockiert. Der große Fichte! Aber Steiner erklärte, was er damit meinte. Fichte hat in Betrachtungen über die Einrichtungen des gesellschaftlichen Lebens[25] seine umfassenden, schönen, in sich logischen Gedanken heruntergedrückt in die Wirklichkeit. Und das ist genau das, was die Bolschewisten mit ihrer Ideologie tun. Deshalb also!

Die Gleichheitsfallgrube öffnet sich nahe bei Goethes weisheitsvollen Worten. Auch der Fundamentalist, der Bürokrat und der Bolschewist sagen: »Gleich sei jeder dem Höchsten«, aber der Weg führt über »gleich sei jeder dem anderen« und »jeder sei blockiert in sich«. Denn die Fundamentalisten (und verwandte Geister) müssen Macht gebrauchen, um die widerspenstige Wirklichkeit in ihr Konzept oder System zu zwingen. Sie müssen Regeln und Normen aufstellen, die berechenbares Verhalten hervorbringen und angepasste Bürger schaffen (»gleich sei jeder dem anderen«), sie müssen Initiativen und freie Kreativität unterdrücken (»jeder sei blockiert in sich«), weil solches Handeln nicht zu den hohen Zielen passt, die von oben gegeben werden. Soweit die erste Fallgrube aus der Perspektive des Geistes.

Um kurz die Erinnerung aufzufrischen: Wir haben gesagt: Wenn wir den Menschen als ein Geistwesen charakterisieren, das sich auf der Erde inkarniert, um dort die für seine Entwicklung relevanten Erfahrungen zu machen, öffnen sich zum Thema Gleichheit zwei Fallgruben. Die erste, aus der Perspektive des Geistes, haben wir besprochen.

25. Vgl. Fichte, J. G.: Der geschlossene Handelsstaat, Berlin 1845/1846

Die Fallgrube der Erde

Nun schauen wir aus der Perspektive der Erde. Sich zu inkarnieren bedeutet, in eine irdische Behausung einzuziehen: eine beseelte, lebendige Leiblichkeit. Diese muss uns tragen, die Kontinuität der Lebensprozesse gewährleisten und eine soziale Einbettung bewerkstelligen. Die Leiblichkeit bindet uns stark an die Natur. Tatsächlich bauen wir unsere physische Leiblichkeit, die Gesamtheit der Lebensprozesse und unsere psychische Konstitution aus demjenigen auf, was uns jeweils als mineralische Substanzen, als vegetative Pflanzenwelt und als Qualitäten des Belebens und Bewegens im Tierreich umgibt. In der Gebundenheit an die natürliche Welt in uns zeigt sich die zweite Fallgrube der Gleichheit. Denn was ist das Charakteristische der natürlichen Welt? Charakteristisch ist, dass sich die Entwicklung daraus zurückgezogen hat. Natur kommt von ›natus sum‹ und das bedeutet ›geboren werden‹. Es ist die gewordene Welt.

Und für die gewordene Welt ist gestern und heute gleich, und heute und morgen sind gleich. Hier befindet sich die Fallgrube der Gleichheit in Bezug auf die Entwicklung eines Geistwesens auf der Erde. So lang es sich fangen lässt in der Schwerkraft seiner Leiblichkeit, d.h. in seinem natürlichen Wesen, wird es seine Gewissheit, seine Sicherheit, ja die Sinngebung seines Daseins in der Wiederholung (zum Beispiel durch Klonen), im wiederkehrenden Rhythmus, im Ritual, in der Konservierung der Vergangenheit suchen. Kurz gesagt in einem Zustand, wo gestern das Gleiche ist wie heute und heute das Gleiche wie morgen. Diese Gleichheitsfallgrube ist aus der irdischen Perspektive eine ebenso große Behinderung der individuellen Entwicklung wie die oben beschriebene Fallgrube aus der Perspektive des Geistes.

Standardisierung

Das Thema Gleichheit hat zu Beginn des 20. Jahrhunderts noch eine unerwartete Anwendung im rein Materiellen gefunden, die aber einen gewaltigen sozialen Einschlag hat. Wir meinen die Erscheinung der Standardisierung. Wir müssen uns klar machen, dass es zu Beginn des letzten Jahrhunderts noch keine Serienproduktion gab. Alle Arbeit war Hand- und Maßarbeit, auch wenn mehr von ein und derselben Sache hergestellt wurde. Zu dieser Zeit gab es in Amsterdam auf dem Overtoom eine Produktionshalle, wo Spijker-Autos gefertigt wurden. In der zentralen Montagehalle war für jedes Exemplar ein Raum eingerichtet und dort fand der Zusammenbau statt. Darüber hing ein Schild »Nr.32, für Herrn Willemse aus Zutphen«. Aus den verschiedenen Werkstätten rund um die Montagehalle kamen die Arbeiter mit Einzelteilen, um zu prüfen, ob sie passten. Wenn nicht, gingen sie zurück an ihre Werkbank, um sie passend zu machen. So wurde jedes Exemplar gebaut. Das Unternehmen ging in Konkurs, als Ford begann, sein Modell T am Fließband in Serienproduktion herzustellen. Er konnte das durch die Einführung standardisierter Montageteile einschließlich der tragenden Rahmen. Die Geschichte geht zurück auf einen Waffenfabrikanten am Ende des 19. Jahrhunderts. Er meldete dem amerikanischen Kongress, dass er die im Heer gebräuchlichen Gewehre zu einem beträchtlich reduzierten Preis herstellen könnte. Als die Kongressabgeordneten dahinter kamen, dass er das durch standardisierte, vollständig gleiche, auswechselbare Einzelteile erreichte, war das einhellige Urteil: das können niemals zuverlässige Gewehre werden! Der Unternehmer ließ das nicht auf sich sitzen und lud die Kongressmitglieder zu einem Experiment ein. Er kam in ihren Versammlungssaal mit einer einfachen Handfeuerwaffe, die aus 10 Einzelteilen zusammengesetzt war. Er gab jedem Kongressmitglied die 10 Teile und eine Anleitung, wie die

Waffe zu montieren war. Er bat sie, die 10 Teile jeweils in die dafür bestimmten Behälter zu legen und danach aus jedem der 10 Behälter blindlings ein Teil zu nehmen, damit wieder die Waffe zu montieren und an einem sicheren Platz Probe zu schießen. Sie waren angehalten, das genau so lange zu tun, bis sie sich davon überzeugt hatten, dass die Montage mit standardisierten Teilen möglich war. Die Kongressabgeordneten hörten nach einiger Zeit damit auf. Sie waren verblüfft und überzeugt!

Danach begann der Siegeszug der Standardisierung über die ganze Welt. Die moderne Industrie und unsere heutige Wohlfahrt sind ohne dieses Prinzip undenkbar.[26] Es hat seine Schwingen weit über das Gebiet der Montage hinaus ausgebreitet: Qualitätsstandards von Markenartikeln, Standardeinrichtungen von Geschäften der großen Ladenketten, Standard-Abläufe für dieselbe Handlung in verschiedenen Filialen eines Unternehmens. Ich erinnere mich an einen Manager von Shell, der erzählte, dass er innerhalb von einer Woche eingearbeitet war, wenn er von Curacao nach Timbuktu oder von Uruguay nach Bahrein versetzt wurde – denn er fand im selben Büro in derselben rechten oberen Schublade dieselben Formulare für das Erledigen bestimmter Angelegenheiten.

Die Methoden und Techniken der Standardisierung, mit denen auf

26. Es scheint, als ob sich in der modernen Autoindustrie die Standardisierung von selbst wieder aufgehoben hat. Sagte Henry Ford noch: »Der Kunde kann jede beliebige Farbe bekommen, solange es nur Schwarz ist«, hat der moderne Autohersteller keinerlei Schwierigkeiten mit sehr differenzierten Kundenwünschen. So bekommt jedes Auto einen individuellen Zug. Ich erinnere mich an einen Besuch bei Fiat in Turin. Auf dem Fließband standen die unterschiedlichsten Modelle in verschiedenen Farben mit Spezifikationen im »Outfit« in Bezug auf PS, Bezüge, Ausstattung, Reifensorten usw. Kein Auto war dem anderen gleich. Das sieht aus wie eine Individualisierung. Von jedem Auto war auch sein zukünftiger Besitzer bekannt. Und doch ist das eine Schein-Einzigartigkeit. Es ist eine aufsummierte Einzigartigkeit. Durch die Vielfalt an Wahlmöglichkeiten zwischen an sich standardisierten Aspekten und Teilen entstehen einmalige Kombinationen. Aber die sollten wir nicht mit dem Phänomen Individualität verwechseln. Wenn wir so auf Menschen schauen – jeder Mensch als eine statistisch einzigartige Kombination von zu unterscheidenden Eigenschaften – dann heißt das »messerscharf an der Wahrheit vorbeilügen«.

diese Art im Wirtschaftsleben Erfahrungen gemacht wurden, sind allmählich in das politische Rechtsleben eingedrungen. Sie bilden das Instrumentarium, mit dem die Bürokratie versucht, alle Sektoren des gesellschaftlichen Lebens in einen allumfassenden Griff zu bekommen: Normierung von Lehrplänen, Examensanforderungen, Lehrberechtigungen, Heilmitteln, Therapien und Diagnoseverfahren, von Nahrungsqualität und Landbaumethoden, Baumaterialien, Börsenpraktiken und so weiter und so fort. Vor allem seit die Bürokratie in Brüssel auf vollen Touren läuft, ist es unvorstellbar, welche dichtmaschigen Netze über alle Lebensgebiete ausgeworfen wurden. Mit Gleichheit im Namen der Gerechtigkeit hat das nicht mehr viel zu tun. Das Gleichheitsprinzip, so wie es im Rahmen der Standardisierung und Normierung gehandhabt wird, ist mehr und mehr ein Machtinstrument geworden, während der Effekt sich in einer abnehmenden Biodiversität, sowohl im Ökologischen, als auch im Sozialen und Kulturellen zeigt.[27] Was normiert wird, verliert seine Identität. Das Eigene passt sich an das Durchschnittliche an. Was an sich schon eine ›abstrakte‹ Recheneinheit ist – man denke nur an den Witz von dem Statistiker, der in einem Fluss ertrank, der durchschnittlich 30 cm tief war! Es wird durchschnittlich und am Ende normal. Die soziale Erscheinungsform davon hat eine eigene Bezeichnung bekommen: Die Durchschnittsfamilie und Otto Normalverbraucher. Wir kommen im nächsten Kapitel darauf zurück.

Gleichartigkeit

Gleichheit erscheint noch in anderen Gestalten, wenn wir es unter dem Aspekt der Gleichartigkeit betrachten. Auch aus diesem Winkel begegnet uns das Thema auf allen gesellschaftlichen Gebieten.

27. Ein deutliches Beispiel sehen wir in der Bildungspolitik. Aus der sozialistischen Ecke wird aus Gleichberechtigungs-Überlegungen heraus für Chancengleichheit plädiert. Aber junge Menschen erscheinen nun einmal ungleich am Start. Wenn dann das ›gleiche Recht auf Bildung‹ unbemerkt zum ›Recht auf gleiche Bildung‹ verdreht wird, entsteht eine heillose Gleichschaltung und Nivellierung.

Im kulturellen Leben

Zum Beispiel begegnen wir ihm im Bereich der Wissenschaft, der Gesundheitspflege und des Unterrichts. Wir führen nacheinander eine Anzahl Phänomene an:

Klassifikation
Im Kapitel über die Rangordnung (Kapitel I) sprachen wir bereits darüber, dass in der Wissenschaft primär das Bestreben lebt, denkend in der verwirrenden Vielfalt der Wahrnehmungen Ordnung zu schaffen. Auf der Grundlage verwandter Eigenschaften werden Arten, Kategorien und Klassen geschaffen: Huftiere, Raubtiere, Nagetiere, Weichtiere, Schalentiere, Gliederfüßler und genauso im Pflanzen- und Mineralreich. Wie beschrieben führt diese Art des Denkens bald zum Unterscheiden von Unterarten und Subkategorien. Sehr schnell zieht dieses klassifizierende Denken auch in die geisteswissenschaftlichen Fächer ein, wo Typologien und Klassifikationen für Kulturen, soziale Strukturen, menschliches Verhalten, Krankheiten und dergleichen entwickelt werden. Und das immer auf der Basis der wahrgenommenen Gleich-Artigkeit. Und so wie alle Wissenschaft die Neigung wachruft, sie praktisch anzuwenden, so verhält es sich auch hier. Politiker entdecken gleichartiges Verhalten von Bürgern und differenzieren ihre amtlichen Prozeduren auf der Basis dieser Typologie. Klassifikation wird ein Führungsinstrument. Und ebenso die Manager. Konsumenten lassen sich je nach ihren Bedürfnissen und ihrem Kaufverhalten in verschiedene Zielgruppen einteilen. Eine Produktions- und Verkaufsstrategie auf der Basis einer solchen Typologie wirkt sich von sich aus schon normierend auf die Bedürfnisse und das Kaufverhalten aus. Und so wird auch hier das Praktizieren der Gleichartigkeit zum Führungsinstrument.

Homöopathie

Hahnemann hat im 19. Jahrhundert die Entdeckung gemacht, dass ›similia similibus curentur‹, dass Gleiches das Gleiche heilen kann. Eine Bleivergiftung kann mit Plumbum D6, einer stark potenzierten, rhythmisch verdünnten Bleilösung geheilt werden. Er hat dieses Prinzip in ein komplettes Handbuch[28] mit homöopathischen Heilmitteln für die am häufigsten vorkommenden Krankheiten umgesetzt. Was Hahnemann entdeckt hat, ist sowohl im positiven, als auch im negativen Sinne von weitreichender Bedeutung. Das Thema Gleichheit bekommt dadurch einen ungeahnten Tiefgang. Wir nennen hier drei positive Aspekte und drei Gegenbilder.

Gleiches kann Gleiches sehen

Wenn ich nicht den Splitter in meinem eigenen Auge hätte, könnte ich den Balken beim anderen nicht sehen. Bestimmte Erfahrungen schaffen ein Organ, durch das man vergleichbare Erfahrungen bei anderen wahrnehmen kann. Worauf wir hier deuten, hat Goethe im Rahmen seiner Farbenlehre in Bezug auf die Genese des menschlichen Auges formuliert. Er sagte: »Wär nicht das Auge sonnenhaft, die Sonne könnt es nie erblicken.«

Gleiches kann Gleiches untersuchen

Der Forscher erhält die Antwort immer auf dem Niveau seiner Fragestellung. Die Art der Fragestellung – und in der Folge davon die Art der Untersuchungsmethoden und -instrumente – ist in der modernen Naturwissenschaft so, dass die Natur (-objekte), die man untersucht, nur ihre quantitativen, mechanistischen Aspekte zeigen. Wer zum Beispiel das Lebende untersuchen will, muss adäquate gleichartige Fragen stellen und wesensverwandte gleichartige Untersuchungsmedien benutzen. Ein archetypisches Beispiel ist für mich

28. Vgl. Hahnemann, S.: Organon der geneeskunde
29. Vgl. Schwenk, T.: Bewegungsformen des Wassers, Stuttgart 1967

noch immer die Tropfbildmethode, die Theodor Schwenck[29] entwickelte. Er wollte die Lebensqualität von Wasser erforschen und entdeckte, als er Wassertropfen in einem bestimmten Rhythmus in ein Wasserschälchen fallen ließ, dass ganz bestimmte Interferenzbilder entstanden: kunstvolle siebeneckige Muster. Wenn das Wasser verschmutzt war oder in anderem Sinne seine Lebensqualität verloren hatte, konnte er das in diesen Interferenzbildern ›lesen‹. Er untersuchte Wasser mit Wasser!

Ich selbst habe probiert mit diesem Prinzip umzugehen, als ich bei meiner Promotion die Qualität von Urteilsbildungs-Prozessen in Gruppen untersuchte. Mit dem Modell, dass ich dazu entwickelt habe, ließ ich Gruppen üben. Am Resultat des Übens konnte ich die Lebensgemäßheit des Modells überprüfen. Das Modell hatte Prozesscharakter und damit wurde der Prozess der Urteilsbildung untersucht.

Gleiches kann Gleichem helfen

Einer Art Homöopathie in der Psychotherapie begegnet uns in den sogenannten Selbsthilfegruppen. Das erste und sicher eindrucksvollste Beispiel sind die Anonymen Alkoholiker Gruppen, so wie sie im vorigen Jahrhundert in Amerika entstanden sind. Das Prinzip dabei war: Alkoholiker wollen sich nur von Menschen helfen lassen, die selbst die Hölle der Sucht kennengelernt haben und ihr mit heiler Haut entkommen sind. Auf der Basis eines Programms bestehend aus zwölf Schritten kommen kleine Gruppen von Süchtigen und Enthaltsamen zusammen, um an ihren Problemen zu arbeiten. Der letzte der zwölf Schritte ist: Wer die Sucht überwunden hat, verspricht anderen in AA-Gruppen zu helfen. Also keine Hilfe durch professionelle Therapeuten und sogenannte Fachleute, sondern durch Leidensgenossen. ›Similia similibus curentur’. Inspiriert durch die AA-Erfahrungen sind auch auf anderen Gebieten Selbsthilfegruppen entstanden, weniger um Sucht zu überwinden, sondern um Leid zu verarbeiten: Eltern eines behinderten Kindes, Menschen, die eine Krebsdiagnose bekommen haben oder die von einer Ehescheidung oder plötzlicher Arbeitslosigkeit betroffen waren. Auch hier dasselbe Prinzip: Schicksalsgenossen finden sich zusammen, weil sie sich in der gleichen Situation befinden und hoffen, einander bei deren Verarbeitung unterstützen zu können.

Selbst im Management setzt sich dieses Prinzip durch. Manager entdecken, dass sie nur wenig von wissenschaftlichen Experten lernen können. Diese lehren mit Bücherweisheiten oder mit Kenntnissen, die sie als Berater erworben haben, aber nicht mit echter Erfahrung. Manager entdecken, dass sie das meiste von anderen Managern lernen können, die einen gleichwertigen Erfahrungshintergrund haben. Sie bitten höchstens einen didaktisch geschulten Moderator, ihren Lernprozess zu begleiten. Fachwissen braucht er nicht mitzubringen.

Nach diesen Beispielen vom positiven Umgang mit dem homöopathischen Prinzip – im Wahrnehmen, Untersuchen und Helfen – folgen drei negative Gegenbilder.

Mehr vom Gleichen hilft nicht

Es ist eine häufige Erscheinung, dass Menschen Probleme mit denselben Mitteln zu lösen versuchen, die sie verursacht haben, also durch mehr vom Gleichen: Widerstand von Bürgern gegen die Bürokratie führt zu unerwünschtem Verhalten, das mit mehr Bürokratie bekämpft wird. Beunruhigende Erscheinungen in der Natur als Reaktion auf Kunstdünger und andere chemische Eingriffe versucht man, durch noch bessere Gifte zu beseitigen. Die Allergie der Verbraucher gegen die Reklameflut wird mit noch subtilerer Verkaufsförderung beantwortet. Bis man durchschaut, dass das Gleiche nicht mit mehr von dem Gleichen geheilt werden kann, sondern nur mit einer grundsätzlich veränderten Herangehensweise und einem neuen Ansatz.

Das Gleiche kann das Gleiche nicht befruchten
Bevor etwas Neues geboren werden kann, ist das Zusammenführen von Gegensätzen nötig. Das Zusammenkommen von Mann und Frau vor der Geburt eines Kindes ist dafür das Urbild – das Klonen negiert diese Gesetzmäßigkeit. Wo die Unterschiede verschwinden, entsteht Inzucht und Dekadenz. Im folgenden Abschnitt werden wir über das ›Art sucht Art‹-Prinzip im Sozialen sprechen. Wo Menschen keine Konfrontation mit der Ungleichartigkeit mehr erleben und einander nur bestätigen, entsteht nichts Neues.

Das Gleiche kann sich selbst negativ potenzieren
In seiner Vision des sozialen Organismus spricht Rudolf Steiner über ein sich selbst regulierendes Wirtschaftsleben, bei dem die Führungsorgane durch Assoziationen von Produzenten, Händlern und (Vertretern von) Konsumenten gebildet werden. Diese drei Gruppen sind ausdrücklich ungleich in ihrer Blickrichtung und ihren Interessen. Gerade darum müssen sie zusammenkommen, um in gemeinsamer Beratung Beschlüsse zu fassen. Wenn sich Produzenten oder Konsumenten in einer Monokultur zusammenschließen, entsteht potenzierter Egoismus, der das andere immer nur bekämpfen will.

Im sozialen Leben

Nach dieser kurzen Exkursion durch einige Gebiete des Geisteslebens richten wir den Blick auf das soziale Leben. Da entdecken wir das Prinzip der Gleichartigkeit als eine fundamental konstituierende Kraft. Art sucht Art! Verwandte Seelen suchen einander, fühlen sich sicher und zu Hause beieinander, sprechen dieselbe Sprache, haben denselben Lebensstil, dieselben Konsumgewohnheiten und dergleichen. Im Extrem führt das zur Ghettobildung, aber wir finden es auch in verschiedenen Arten von Cafés und Restaurants (in denen gleichartiges Publikum sich zu Hause fühlt), bei verschiedenen Arten von Kulturmanifestationen (vom Mahler-Zyklus bis hin zum Nordsee-Festival), im Charakter verschiedener Wohngebiete oder im Stil der verschiedenen touristischen Attraktionen.

Das ›Art sucht Art‹-Prinzip ist eine komplizierte sozial-konstitutive Kraft, denn die unterschiedlichen Arten decken sich nicht miteinander. Auf der Basis des Blutes und aus Familienverhältnissen können Gruppen entstehen, aber diese brauchen sich nicht mit den Gruppen zu decken, die sich auf der Basis des Berufes, der lebensanschaulichen Orientierung, des Hobbys oder des Schicksals bilden. Viele solcher Gruppen haben noch den Charakter der alten natürlichen Gruppengebundenheit. Sie sind gleichsam eine Erweiterung, eine Ausweitung der eigenen Leiblichkeit, des eigenen Gewohnheitsleibes und des eigenen psychischen Habitus. Diese Gruppenbildung auf der Basis der Gleichartigkeit kann auch durch ein vollständig anderes Prinzip durchbrochen werden. Goethe benutzte dafür den Begriff ›Wahlverwandtschaften‹. Es sind Beziehungen, die man weniger aus einer natürlichen Verwandtschaft eingeht, als vielmehr aus einer Entwicklungsperspektive heraus, um der Synergie willen, aus einer freien Tat innerhalb der gegebenen karmischen Konstellation. Ich denke, dass in solchen Wahlverwandtschaften die Keime zu einer neuen Gemeinschaftsbildung liegen.

Im Wirtschaftsleben

Wir gehen nun mit unserem Gleichartigkeits-Scheinwerfer noch eine Etage tiefer in der gesellschaftlichen Ordnung und beleuchten damit das Wirtschaftsleben. In der Welt der Nahrungsmittelproduktion werden im Zusammenhang mit genetisch modifizierten Produkten Fragen zur Sicherheit beim Konsumieren dieser Produkte gestellt. Aus dieser Sorge ist das Bedürfnis entstanden, genetisch modifizierte und nicht modifizierte Produkte auf ihre Qualität hin zu beurteilen und zu vergleichen. In diesem Rahmen wurde der Begriff äquivalent eingeführt. Obwohl das wörtlich gleichwertig bedeutet, kann es auch sehr gut als gleichartig aufgefasst werden. Wenn die Ergebnisse der hier gebräuchlichen Qualitätsuntersuchungen gleich sind, können Produkte als äquivalent und damit das eine als Substitut für das andere gelten. Gegen diesen Äquivalenzbegriff wurde von Seiten des biologisch-ökologischen Landbaus Protest eingelegt. Angeführt wurde, dass hier mit einem äußerst reduzierten Äquivalenzbegriff gearbeitet wird. Nur der materielle und chemische Output eines Prozesses wird gemessen, quantifiziert in Substanzen. Was aber ist die Qualität von diesem Prozess, dessen Output das Produkt ist? Welche Lebensqualitäten sind dabei zunichte gemacht worden, sowohl in dem Produkt, als auch auf dem Acker und in der Umgebung? Damit sollte neben einer substanziellen auch von einer prozessualen Äquivalenz gesprochen werden. Dann lautet die Frage: Unter welchen Arbeitsumständen und Voraussetzungen wie ergonomischer, hygienischer, sozialer und finanzieller Natur ist dieses Produkt zustande gekommen? Diese Frage verweist zu einer dritten Dimension des Äquivalenzbegriffes, der sozialen Äquivalenz. Schließlich kann man nach der gesamten Unternehmensethik fragen, die hinter diesem Produkt, Produktionsprozess und Produktionsbedingungen steht. Und dabei schauen wir auf die Nachhaltigkeit, nach monopol-kapitalistischem Verhalten, nach verantwortungsvollem Engagement für das kulturelle und gesellschaftliche Umfeld. Dies bezieht sich auf die ethische Äquivalenz.

Damit wird deutlich, dass noch viel Forschungsarbeit nötig ist, bevor die Kriterien zum Messen dieser Äquivalenzniveaus operationell werden. Aber genauso deutlich wird, dass wir sehr wachsam sein müssen, wenn wir über Gleichartigkeit sprechen. Es stellt sich die Frage, was wirklich gleich ist, weil wir die Gleichartigkeit offenbar auf sehr verschiedenen Niveaus betrachten können.

Die Rolle des Geldes

Wir wollen dieses Kapitel abschließen, indem wir uns einem Phänomen widmen, das das gesellschaftliche Leben in all seinen Gliederungen durchdringt und das von unserem Gleichheitsthema aus merkwürdig kontrovers aussieht. Und das ist das Geld. Es gibt nahezu nichts im menschlichen Leben, das nicht im engeren oder weiteren Sinne eine finanzielle Komponente hat. Wenn wir diese Komponente – das Geld – aus der Gleichheitsperspektive anschauen, fallen zwei äußerst kontroverse Eigenschaften auf:

1) Geld ist der große Gleichmacher.
2) Geld ist der große Ungleichmacher.

Damit ist folgendes gemeint:
Zu 1) Wir leben in einer Zeit, in der die Kommerzialisierung des gesellschaftlichen Lebens so weit fortgeschritten ist, dass fast alles zu kaufen ist. An nahezu allem hängt ein Preisschild.[30] Nicht nur Tische und Stühle, Waschmaschinen und Autos kann man kaufen, sondern auch Fußballspieler und Popstars, Unternehmen und Patente. Preisschilder hängen auch an jedem Quadratmeter Boden, jedem Kubikmeter sauberer Luft und jedem Liter reines Trinkwasser, genau wie am Promoten eines Bestsellers, am Organisieren einer Wahlkampagne und so weiter. Tatsächlich wird damit alles vergleichbar.

So wie auf dem höchsten Abstraktionsniveau der denkende Geist

30. Vgl. Bos, A.H.: Schenken en danken. Verwaarlosde kwaliteiten in een wereld vol commercie, Zeist 1998

alles auf einen Nenner bringen und damit alle Unterschiede wegdenken kann, so kann auf dem untersten Niveau des praktischen Handelns die kommerzielle Intention auch alles auf einen Nenner, das Geld, bringen und dabei alle Unterschiede wegorganisieren.

So wie das quantifizierende Denken alle Qualitäten wegquantifiziert. Wenn wir Rot als auf uns zu kommend und aggressiv erleben und Blau als zurückweichend und beruhigend, dann sagt der Naturwissenschaftler: »Das sind subjektiv erlebte Unterschiede, die mich nicht interessieren. Der einzige messbare Unterschied liegt in den verschiedenen Wellenlängen im Farbspektrum.« So werden durch das kommerzielle Handeln auch alle Unterschiede wegquantifiziert. Alles wird vergleichbar und kalkulierbar. Eine einheitliche graue Euro-Decke!

Zu 2) Natürlich wissen wir, dass Menschen verschieden sind, aber richtig deutlich wird das erst, wenn wir uns ihr Einkommen anschauen, d.h. ihre Lebens- und Konsumgewohnheiten, die sie sich leisten können. Normalerweise werden die Unterschiede zwischen den Menschen ohne viele Emotionen akzeptiert, sobald es aber um die Einkommensunterschiede geht, erregen die Ungleichheiten Hass und Neid, Eifersucht und die Empfindung von Ungerechtigkeit und Unanständigkeit. Es gibt nur wenige Dinge, die solche Spaltungen zwischen den Menschen zuwege bringt wie das Verteilen von Geld, das Festlegen von Einkommensunterschieden, das Aufteilen eines finanziellen Erbes. So wie wir im vorigen Abschnitt über das Geld als kalten, grauen Gleichmacher sprechen mussten, so haben wir hier mit dem heißen, roten Ungleichmacher zu tun.

Alles was wir in diesem Kapitel über Gleichheit und Gleichwertigkeit gesagt haben, ebenso wie der Inhalt des ersten Kapitels über die Rangordnung, wird im nächsten Kapitel in einen breiten historischen Kontext eingeordnet.

III.

Hierarchie und Gleichwertigkeit in der historischen Perspektive

Die zwei roten Fäden, die sich durch dieses Buch hindurch ziehen und in der Einleitung als Frage formuliert wurden, bildeten den Ausgangspunkt für die beiden ersten Kapitel. Wir suchten in unserer heutigen Welt nach Erscheinungsformen von Hierarchie und Gleichwertigkeit, von Rangordnung und Gleichheit. Es war dabei schwer zu vermeiden, den Blick zurück zu wenden und einiges von der Metamorphose der Phänomene im Laufe der Zeiten anzudeuten. In diesem Kapitel wollen wir die Tür zur Vergangenheit weit öffnen, so dass deutlich werden kann, wie sich die beiden roten Fäden nicht nur durch dieses Buch ziehen, sondern auch einen konstituierenden Teil der Evolution von Mensch und Menschheit ausmachen. Namentlich werden wir bemerken, dass die Metamorphose dieser beiden Themen und ihre Interaktion für einen großen Teil der Dynamik und Dramatik der Evolution verantwortlich sind.

Wenn wir versuchen, uns Vorstellungen vom Anfang des gesamten Schöpfungsprozesses zu bilden und uns dabei nicht durch die Hypothesen der modernen Naturwissenschaft leiten lassen, sondern durch Rudolf Steiners geisteswissenschaftliche Forschungen, gelangen wir in eine Welt hierarchischer Wesen, die sich für die Idee Mensch als einem Wesen begeistern, das in ihrer hierarchischen Welt die Qualitäten Freiheit und Liebe repräsentieren soll.

Bereits in diesem Urbeginn können wir die beiden roten Fäden unterscheiden. Wir haben schon eher ausgeführt, dass Gleichheit im Sozialen nur dann möglich ist, wenn wir einander als gleichwertig erleben und zwar in der Bedeutung gleicher Würde. Die Würde – der innere Wert eines jeden Menschen – kommt darin zum Ausdruck, dass jeder von uns auf seine Art auf dem Weg ist, Mensch zu werden. Jeder von uns trägt in sich als Keim das Bild, das im Urbeginn solche Begeisterung für Hierarchien wachrief, dass sie sich ›ans Werk‹ begaben. Dort liegt der Ursprung des einen roten Fadens, der Gleichheit.

Hierarchien und Evolution

Und nun der andere rote Faden.

Wenn wir das Wort Hierarchie verwenden, ist damit im heutigen Sprachgebrauch direkt die Vorstellung von einem System von Machtverhältnissen verbunden.

Wir haben im ersten Kapitel Beispiele dafür in Kirche, Armee, Verwaltung und Wirtschaftsleben genannt. Aber auch für nicht-irdische Verhältnisse, im Kontext einer Wesenswelt, wird der Begriff Hierarchie schnell mit einer Rangordnung von Wesen identifiziert, wobei dann die Rede von höher und tiefer ist und das Höhere das Tiefere umfasst und leitet. Und doch gibt es dazu keine Veranlassung. Zum einen nicht durch das Wort Hierarchie. Es ist nicht mehr als die Bezeichnung für eine Wesenskategorie. Man spricht über die erste, zweite, dritte Hierarchie oder auch über die Hierarchie der Engel und Seraphime.

Auch aus etymologischer Sicht gibt es dazu keinen Anlass. Das Wort Hierarchie ist die Zusammenfügung zweier griechischer Worte:

Archè = Kopf, Beginn, Ursache, Anfangspunkt. Das Verb *archein* bedeutet beginnen, führen.

Hieros = heilig, verehrt, geweiht an, auch lebenskräftig. Der Stamm steht für Priester.

Das Wort Hierarchie gibt es im Griechischen nicht. Es ist in seiner Art ein Neologismus und bedeutet so viel wie ›Verehrung des Ursprungsimpulses‹ oder auch ›wir lassen uns leiten durch das Heilige‹. Von dieser Wortbedeutung aus entsteht schnell die Vorstellung der hierarchisch geordneten Wesenswelt. Denn die Wesen, um die es dabei geht, sind verschieden in Bezug auf ihr Bewusstsein (das Bewusstsein der einen ist umfassender, weiter entwickelt als das der anderen), sind verschieden in Bezug auf ihren Einflussbereich (die einen sind mächtiger als die anderen) und sind verschieden in Bezug auf ihre Nähe zur Quelle des Ursprungsimpulses (die einen stehen ihr näher als die anderen).

So entstand im Bewusstsein der Menschen das Bild einer hierarchischen Ordnung von Wesen, wobei die dafür genannten Merkmale zusammenfielen: je höher und je dichter beim Ursprung, desto mächtiger und umfassender im Bewusstsein.

Es wäre ein großes Missverständnis zu denken, dass eine so geartete hierarchische Ordnung ein Maß für die Wichtigkeit darstellt, oder gar dass daraus Überlegenheitsgefühle vom einen Wesen über das andere entstehen. Wir müssen, in modernen Worten ausgedrückt, von einem geistig-ökologischen System sprechen, bei dem eine funktionale Gliederung stattgefunden hat. Alle Wesen sind auf vollkommen reale Weise voneinander abhängig, ihr Handeln ist durchzogen und geordnet von einer kosmischen Intelligenz, an der sie alle Anteil haben, und ihr gesamtes Handeln ist orientiert auf das gemeinsame Ideal, die Schöpfung des Menschen, einer neuen Hierarchie.

Was wir hier kurz als Merkmale einer kosmischen Ordnung genannt haben, begegnet uns in einem viel späteren Stadium der Entwicklung als Leitbild der Menschen für die Gestaltung ihres Zusammenlebens.

Der Evolutionsprozess wird sich vorläufig so vollziehen, dass die Hierarchien an den Voraussetzungen für ein Wesen arbeiten, das die Freiheit repräsentieren kann. So ein Wesen muss auf eigenen Beinen stehen und sich frei bewegen können und es muss über Sinnesorgane verfügen, um sich ein Bild der Welt machen zu können, in der es handeln will. Schließlich muss es ein denkendes Selbstbewusstsein haben, das sich auch sprechend äußern kann.

Man kann sich vorstellen, dass sich die Hierarchien damit eine gigantische Aufgabe gestellt hatten, die viele Äonen in Anspruch nehmen würde. In seinem Buch »Die Geheimwissenschaft im Umriss« hat Rudolf Steiner diesen Prozess in großen Linien beschrieben. Als Resultat der intensiven Zusammenarbeit aller Hierarchien werden in großen Evolutionsphasen die Grundlagen für den späteren physischen Leib des Menschen gelegt, für den späteren Lebensleib (die Gesamtheit der Lebensprozesse, die diesen physischen Leib durchziehen), für das was später die Möglichkeit eines inneren Lebens in Gedanken, Gefühlen und Intentionen geben wird und schließlich für das Aufleuchten eines eigenen Ich-Bewusstseins.

So wie wir nicht sagen können, dass eine Hierarchie wichtiger ist als die andere – jede gibt ihren Beitrag zum gemeinsamen Resultat – so können wir das auch nicht von dem Werk sagen, das ›unter ihren Händen‹ entsteht. Der physische Leib ist nicht dem Lebensleib unterstellt oder umgekehrt, die Seelenkräfte dominieren nicht die Lebenskräfte oder umgekehrt. Das Ich ist nicht wichtiger als die Seele, in der es haust. Es sind alles Wesensglieder – unterschiedlich im Grad ihrer Vollkommenheit, im Alter, ihrer Funktion – aber gleich wichtig und notwendig für ihre gemeinsame Aufgabe: Die Schaffung des freien Menschen.

Und dasselbe gilt für die Naturreiche, die allmählich in Erscheinung treten. Was für den Menschen sein physischer Leib ist, wird außerhalb von ihm das Mineralreich. Was für den Menschen eine Gesamtheit von Lebensprozessen ist, erscheint außerhalb als vegetative Pflanzenwelt, und was sich im Menschen als farbenreiches Seelenvermögen manifestiert, bewegt sich außerhalb als Tierreich.

Und auch hier müssen wir uns mit dem Gedanken vertraut machen, dass nicht das eine wichtiger als das andere ist, sondern dass jedes seine unverzichtbare Funktion im gesamten Schöpfungsgeschehen erfüllt. Keine leichte Aufgabe für das moderne Bewusstsein, das mit großer Selbstverständlichkeit all diese ›niederen‹ Naturreiche in seinen Dienst stellt, gebraucht und verbraucht.[31] Wer sich einigermaßen einleben kann in die Kompliziertheit dieses Schöpfungsprozesses, kann sich auch vorstellen, dass dafür eine straffe Führung nötig war, dass dieser Prozess – um es in der Begrifflichkeit unserer Zeit auszudrücken – autoritär und top down geleitet werden musste. Später, als die Bedingungen einmal geschaffen waren und allmählich die Freiheit an Bedeutung gewann, wurde das anders. Aber vorläufig kann von Freiheit noch keine Rede sein. Die Hierarchien haben die Leitung!

Hierarchische soziale Strukturen

Dass die Hierarchien die Leitung haben, wird deutlich, als die ersten Formen eines sozialen Lebens auf Erden erscheinen. Die Menschen lebten damals sozusagen noch im Schoß der Götter, mit einem schlafenden, zum Teil träumenden Bewusstsein. Anfangs war alles noch so wenig materiell, dass es keine Spuren hinterlassen hat, zumindest nicht auf Erden. Nur die Geisteswissenschaft kann uns darüber etwas erzählen. Aber als der Inkarnationsprozess fortschreitet, hinterlässt er bereits Spuren (in Dokumenten, Bauwerken, Hieroglyphen) und wir können uns eine Vorstellung der sozialen Formen machen,

31. Im Laufe der Geschichte hat die Leiblichkeit eine sehr unterschiedliche Stellung im Erleben der Menschen gehabt. Ich nenne als Extreme:
– Die Mönche bestimmter Orden, die Askese betrieben und sich selbst kasteiten, weil sie die eigene Leiblichkeit mit ihren ›niederen‹ Trieben als den größten Übeltäter in ihrem Streben erlebten.

in denen das Leben der Kulturen sich abspielte. Die vorherrschende Charakteristik dieser Formen ist die Hierarchie, eine Schichtung, die auf allen Ebenen durch Vorschriften, Rituale und Tabus aufrechterhalten wurde. Von unten nach oben gesehen ist diese Hierarchie eine Stufenleiter von zunehmender Bewusstheit und damit auch zunehmender Nähe zum Ursprungsimpuls, dem Leitbild. Der Pharao, der Hierophant, der Eingeweihte, der Brahmane an der Spitze der Pyramide war ›durchlässig‹ für die Inspirationen aus der geistigen Welt. Durch ihn hindurch konnten hierarchische Wesen ihre Führungsimpulse verwirklichen. Und diese wirkten weiter bis zur Basis der Pyramide, buchstäblich top-down.

Wir müssen uns vorsehen, solche sozialen Formen ohne Unterscheidung im modernen soziologischen Sinne als autoritäre Herrschaftsstrukturen zu beschreiben, bzw. im marxistischen Sinn als Ausbeutungssysteme. Über die Dekadenzformen, bei denen solche Charakterisierungen mehr Berechtigung haben, werden wir noch sprechen. Anfangs waren diese Formen die einzig möglichen und adäquaten. Die Grenze zwischen der geistigen und der irdischen Welt war noch diffus. Im oberen Teil der Pyramide begann in gewissem Sinne bereits die geistige Welt. Der Pharao wurde wirklich wie ein Gott erlebt und an der Richtigkeit seiner Führung bestand kein Zweifel.

Die hierarchische Signatur des anfänglichen Soziallebens der Menschen auf der Erde kam nicht nur in einer Hierarchie von Menschen zum Ausdruck, sondern auch in einer Hierarchie von – um ein modernes Wort zu gebrauchen – sozialen Subsystemen. Am deutlichsten zeigt sich das im Kastensystem der indischen Kultur, der ersten irdischen Kultur nach der atlantischen Katastrophe. Die höchste Kaste war die der Brahmanen. Aus dieser Kaste kamen die Priester, die Eingeweihten und auch die Künstler und Tempeldiener. Sie standen dem geistigen Ursprung am nächsten und konnten daher das

Geistesleben pflegen, ein Geistesleben, das dominant war und die anderen Kasten führte. Die mittlere Kaste war die der Kshatriyas und Vaisyas, diese umfasste die Beamten und die Krieger: Beamte sorgten für die innere Ordnung, die Krieger für die äußere Sicherheit. Sie repräsentierten, modern ausgedrückt, das Rechtsleben. Die unterste Kaste war die der Sudras, Händler und Handwerker: diese sorgten für das Wirtschaftsleben. Diejenigen, die sich als Bauern noch mehr mit dem Irdischen besudelten, wurden in einer Kultur, die noch ganz auf das Geistige ausgerichtet war, als unrein erlebt. Sie fielen als Parias aus dem Kastensystem heraus.

Mobilität zwischen den Kasten war undenkbar. Man wurde innerhalb einer Kaste geboren und starb dort. So wie die geistige Welt als zeitlos erlebt wurde, so hatte das Kastensystem als ihre Spiegelung ebenfalls Ewigkeitscharakter.

Etwas von diesem Ewigkeitscharakter findet man in der Hartnäckigkeit wieder, mit der sich dieses Strukturmodell durch die Jahrhunderte hindurch erhalten hat und dabei immer dekadenter geworden ist.

Nach den theokratischen Deltakulturen (Indien, Persien, Ägypten), wo es seinen Ursprung hat, setzt es sich in Griechenland fort. Plato beschreibt in seinem Buch »Der Staat«[32], dass dieser in Schichten aufgebaut sein sollte. An der Spitze die Philosophen, Dichter und andere Künstler, dann die Beamten und schließlich die Handwerker. Die Sklaven fielen heraus.

Im Mittelalter bekommt das Modell die Erscheinungsform von Lehrstand, Wehrstand und Nährstand. Der Lehrstand sind die Kleriker und andere geistige Führer, der Wehrstand die Ritter, der Nährstand die für Nahrung sorgenden Bauern. Die Leibeigenen fielen heraus.

Bis in unsere Zeit können wir dieses Bild verfolgen. Das große kommunistische ›Reich‹, das 1989 als Sowjetunion auseinander fiel,

– Freud reduzierte alle ›höheren‹ Bestrebungen des Menschen auf Sublimierungen der Kräfte, die als Libido und Todesangst aus der Leiblichkeit aufsteigen.
32. Vgl. Plato: De ideale staat – Politeia, Amsterdam 2005

in China und anderenorts noch mehr oder weniger aufrecht erhalten wird, besteht aus einer Oberschicht von Parteibonzen und Ideologen. Sie stehen dem Ursprung am nächsten, denn sie haben direkten Zugang zu den Offenbarungen von Lenin, Mao, Castro oder wem auch immer. Darunter folgt eine mächtige Schicht von Apparatschiks, Beamten und Bürokraten, die das System aufrecht erhalten. Und darunter leben die Träger von Hammer und Sichel, die Arbeiter und Bauern. Wer nach Sibirien verbannt wurde, fiel aus dem System heraus.

Im Westen treffen wir diese Ordnung vor allem in der Schichtung von Organisationen an. Das höhere Management setzt die Ziele, formuliert die Politik und tüftelt die Strategie aus.

Das mittlere Management muss die Ziele, die Politik und die Strategie in Organisationsstrukturen, Planungen und Prozeduren umsetzen, ist also auch eine Art Kaste der Systembewahrer. Und das untere Management muss dieses alles operationell machen und die ausführende Arbeit leiten. Noch sehr lange war es so, dass Gastarbeiter aus dem System herausfielen.

Mit dieser letzten Betrachtung über die Hartnäckigkeit, mit der das archaische (von archè = Urbeginn) Strukturmodell sich zu erhalten versucht, haben wir ein Thema angeschnitten, das wir noch etwas weiter ausarbeiten wollen.

Nicht nur diese hierarchische soziale Ordnung will sich erhalten, sondern vor allem deren oberste Schicht, die höchste Kaste der Eingeweihten, die geistlichen Leiter, die mit einer selbstverständlichen Autorität ihren inspirierten (wörtlich: vom Geist beflügelten) Willen in den anderen sozialen ›Subsystemen‹ wirksam werden ließen.

Nun verläuft die Evolution so – und das war auch die Absicht – dass der Mensch um seiner Freiheit willen sich langsam von seinem göttlich-geistigen Ursprungsland lösen und mehr und mehr auf eigenen Beinen stehen sollte. Jedes Kind wiederholt diesen evolutionären Prozess im Kleinen. Nach der Geborgenheit im Schoß – nicht der Götter, sondern seiner Mutter – wird es auf der Erde geboren. Die physische Nabelschnur wird durchtrennt. Dann lebt es noch eine Weile in der Lebenssphäre der Mutter und von ihrer nährenden Lebensquelle. Es beginnt auf eigenen Beinen zu stehen, aber lässt sich durch die Nachahmung noch ganz und gar von seinem natürlichen Vorbild formen. Wenn auch das weniger wird, lässt es seine Seele noch eine Zeitlang von dem ernähren, was die Erwachsenen ihm aus ihrer Erfahrung darbieten. Auch diese Autorität wird abgeschüttelt, wenn das individuelle Geistwesen des heranwachsenden jungen Menschen durchbricht und seinen eigenen Weg suchen will.

So wiederholt das Kind im Kleinen, was die Menschheit als Ganzes in einem viel längeren Zeitraum durchgemacht hat.

Was bedeutet das nun für unser Thema Hierarchie?

Die beginnende Emanzipation ist einerseits eine Folge der Rückzugsbewegung der führenden Geistwesen (sie schaffen Raum für das Freiwerden des Menschen) und andererseits die Folge der fortschreitenden Inkarniertheit des Menschen (wodurch er für geistige Inspirationen weniger zugänglich wird).

Ob man den Prozess nun von der einen oder von der anderen Seite her beschreibt, was von den Germanen als ›Götterdämmerung‹ erlebt wurde, hatte zur Folge, dass die Quelle, aus der die geistigen Führer ihre natürliche Autorität schöpften, auszutrocknen beginnt. Ihr Thron fängt an zu wackeln, ihre Direktiven werden nicht mehr so selbstverständlich angenommen. Eine stille Opposition beginnt sich zu bilden. Wenn wir die Geschichte des zweiten roten Fadens beschreiben, werden wir darauf genauer eingehen. Jetzt verweilen wir noch einen Moment bei denjenigen, die ihre natürlich-geistige Autorität schwinden sehen. Sie füllen das wachsende Autoritätsvakuum Schritt für Schritt mit Macht auf: mit der Macht des Besitzes, der durch Eroberungen ausgedehnt werden kann, mit der Macht des

Geldes, mit der Macht der Sanktionen (Exkommunikation, Verbannung, Gefängnis).

Wir betreten hier die weitläufige Landschaft der Macht, die durch die Soziologen bereits in aller Breite bearbeitet wurde. Wir werden darauf zurück kommen, sowohl bei der Beschreibung des zweiten roten Fadens (Widerstand gegen die Macht), als auch im Rahmen der Beschreibung der Rolle des Bösen in der Evolution (persönliches Machterleben).

Evolution und (Un)gleichheit

Wir beschäftigen uns nun im Detail mit dem zweiten roten Faden, der sich durch dieses Buch und durch den Evolutionsprozess zieht: Das Thema der Gleichheit, der gleichen Rechte, der Gleichwertigkeit. Am Ausgangspunkt der Evolution steht die Gleichheit als ihre Grundlage: es gibt ein einheitliches begeisterndes Leitbild, das für alle Geschöpfe gleichermaßen während des Menschwerdungsprozesses ein leuchtender Wegweiser sein wird.

Aber im konkreten Schöpfungsprozess treten sehr bald Unterschiede, Ungleichheiten, Differenzierungen auf. Rudolf Steiner beschreibt in seinem Evolutionsbuch die erste große Evolutionsphase als einen Kosmos der Wärme, einer Wärme, die aus der geopferten Wesenssubstanz hierarchischer Wesen, der Throne, der Geister des Willens, besteht. Er sagt dann, wenn man sich als heutiger Mensch in diesem Kosmos bewegen würde, könnte man nichts fühlen, sehen oder riechen, sondern würde nur eine große Differenziertheit, eine subtile Nuancierung von Wärmequalitäten empfinden. Steiner spricht über Wärme-Eier als Keime des späteren physischen Leibes, und diese Keime hatten offenbar subtile Unterschiede in der Wärmequalität, ein Anfang von Ungleichheit. Aber sicher nicht von Ungleichwertigkeit! Man kann sich fragen, woher diese beginnende Differenzierung kommt.[33] War das Zufall? Gehörte das zu einem kunstvollen Schöpfungsprozess dazu, bei dem mit lebendigem ›Material‹ gearbeitet wurde? Beides ist denkbar und widerspricht sich auch nicht. Ich denke, dass die Hierarchien dankbar und positiv mit diesen Gegebenheiten umgegangen sind, weil sie ›wussten‹, dass die Qualitäten von Freiheit und Liebe im inneren Umgang mit Einseitigkeiten und im sozialen Umgang mit Unterschieden entwickelt werden.

Und so nimmt das Maß der Differenzierung im Lauf der Evolution zu, es ist ein kumulativer, sich selbst verstärkender Prozess, der vor allem sichtbar wird, als der Mensch sich auch physisch auf der Erde inkarniert. Je nach Einfluss von Klima und Boden auf die leibliche Konstitution entstehen auf den verschiedenen Kontinenten die unterschiedlichen Rassen. Dem ging die Differenzierung des hermaphroditischen Menschenwesens in zwei Geschlechter voraus. Es entstehen Unterschiede im Volkscharakter, in der Kultur und auch in der geistigen Orientierung. Bereits im alten Atlantis, so erzählt Steiner, waren die Mysterienzentren, damals noch Orakel genannt, von denen aus das Zusammenleben geleitet wurde, differenziert nach der Wirkenssphäre der Wesen, die diese Orakel inspirierten. Die Wirkenssphäre konnte die Sonne sein, aber auch Mars, Venus oder einer der anderen Planeten. Man muss sich jedoch vorstellen, dass in diesen frühesten Kulturen, den Delta-Kulturen, die zu Beginn dieses Kapitels beschrieben wurden, all diese Unterschiede noch durch eine übergeordnete Schöpferweisheit in einen sinnvollen Zusammenhang gebracht wurden, so dass die verschiedenen Gruppierungen sich da-

33. Hierbei lassen wir uns nicht durch die berühmte Publikation von J.J. Rousseau »Discour sur l'inégalité« (vgl. Rousseau, J.J.: Vertoog over de Ongelijkheid, Meppel 1983) leiten. Rousseau siedelt den Differenzierungsprozess lange vor Darwin im ›Struggle for life‹ und ›survival of the fittest‹ an. Gleichwohl sucht er nach Möglichkeiten, auf ethische Weise mit dieser natürlichen Ungleichheit umzugehen, verstrickt sich dabei aber in der Legitimierung einer sozialen Hierarchie auf Grund geistiger Ungleichheit (die als gegeben auftritt). In den weiteren Ausführungen lassen wir uns mehr von den Gedankengängen aus der geisteswissenschaftlichen Forschung leiten.

rin geborgen fühlen konnten. Das Bewusstsein war noch bildlich träumend und stark gruppengebunden.

Das wird im Lauf der mittleren der sieben nachatlantischen Kulturen, der griechischen Kultur, anders. Wir werden im Verlauf unserer Ausführungen noch sehen, dass die Veränderungen, die sich dort vollziehen, in einem engen Zusammenhang stehen mit der Geburt des Christus auf Erden, die Steiner als ›Zeitenwende‹ bezeichnet.

In dieser Zeit beginnt sich ein erwachendes Ich-Bewusstsein zu manifestieren. Dieses Bewusstsein findet seinen Nährboden in einem anfänglich selbständigen Denken, das sich weniger in geträumten Bildern als in klaren Gedanken vollzieht. Sokrates erlebte sein Denken noch als Schauplatz für das Denken der Götter in ihm: es wird in mir gedacht. Aristoteles, der Schüler Platos, der wiederum Schüler des Sokrates war, erlebte sein Denken als eigene Aktivität. Aber in den strengen Regeln der Logik, die er dafür formulierte, kann man noch erleben, dass das Denken sich nicht willkürlich vollziehen darf, sondern den Gesetzen einer höheren – göttlichen – Ordnung gehorchen muss.

Was sich hier in Menschenseelen abspielt, ist die Widerspiegelung eines kosmisch-hierarchischen Prozesses. Wir haben bereits über die Schöpfungsgeister gesprochen, die sich zurückziehen, um Raum zu schaffen für das Freiwerden des Menschen, nachdem sie die Voraussetzungen dafür geschaffen hatten. Es ist aber kein Rückzug – um es familiär auszudrücken – unter Mitführung des gesamten ›Besitzes‹. Nein, sie leisten auch Verzicht auf etwas ganz Kostbares. Was dem Handeln der Hierarchien als Weisheit einen sinnvollen Zusammenhang gab und mit Hilfe von inspirierten geistigen Führern auch dem sozialen Leben auf der Erde eine heilige Ordnung verschaffte, diese Weisheit wird gleichsam losgelassen, steht den Menschen zur freien Verfügung und beginnt sich bei ihnen als denkende Intelligenz zu zeigen.

Wie dieser Prozess für die geistigen Führer aussah, habe ich weiter oben beschrieben. Sie fühlten ihre Inspirationsquellen versiegen, ihre Autorität begann zu schwinden, eine gewisse Opposition baute sich auf.

Die Geburt des Rechtslebens

Aus drei verschiedenen Blickwinkeln haben wir denselben Prozess betrachtet: von der menschlichen Seele aus, aus der hierarchischen Perspektive und aus der Perspektive der geistigen Führung auf der Erde. Das gesellschaftliche Resultat dieses dreifachen Prozesses ist die Geburt eines selbständigen Rechtslebens, zunächst noch im elitären Sinn als Stadtdemokratie für freie Bürger in Athen und Sparta, aber dann, nach dieser Fingerübung, als Grundlage für ein Imperium, das römische Reich mit seinem römischen Recht für die ›cives romanes‹, die römischen Bürger. Natürlich konnte man auch in den vorhergehenden Kulturen von einem Rechtsleben sprechen, aber dieses war ein Teil einer theokratischen Ordnung. Die Regeln, die dort galten, waren nicht von Menschen erdacht, sondern durch die geistigen Führer als Inspiration empfangen. Von dieser Bindung löst sich das neue Rechtsleben. Denkende selbstbewusste Menschen wollen miteinander die Regeln für ihr Zusammenleben finden (ius = menschliches Recht), um so mehr, da sie das sogenannte göttliche Recht (fas = geoffenbartes Recht) immer mehr als Willkür erleben. Das Interessante an diesem neuen, sich befreienden Rechtsleben ist, dass es seine Quellen sowohl in der Gleichheit, wie auch in der Ungleichheit hat. Die Gleichheit kam darin zum Ausdruck, dass der Mensch erkannte, dass gleichzeitig mit ihm auch andere das Bedürfnis und die Möglichkeit hatten, sich von der geistigen Führung zu emanzipieren und in gemeinsamen Beratungen eigenes Recht zu schaffen. Die Ungleichheit hatte eine Innen- und eine Außenseite. Die zunehmende Individualisierung führte zu zunehmenden Unterschieden zwischen den Menschen. Obwohl sie inhaltlich zu großer Ungleichheit führte, konnte man einander in diesem Prozess der Individualisierung und Emanzipation als Gleiche erkennen. Nach außen hin gab es noch reichlich Diskriminierung und Ungleichheit. Für den Griechen war jeder Nicht-Grieche ein ›barbaros‹. Auch die Sklaven kamen nicht für gleiche Rechte in Betracht. Dasselbe war im römischen Reich der Fall: Kelten, Germanen, Gallier, Slaven, Angeln und Sachsen mussten bekämpft und überwunden werden, und wenn sie sich ›anständig benahmen‹, konnte ihnen die Ehre zuteil werden, römische Bürger werden zu dürfen.

Was da als neues Rechtsleben entsteht, ist auf eine selektive Gleichheit aufgebaut, die noch Spuren hierarchischen Denkens enthält.

Inzwischen wird in aller Stille und Verborgenheit an der einzigen Quelle gearbeitet, aus der echte Gleichwertigkeit als Basis für gleiche Rechte fließen kann. In den Urgemeinden des beginnenden Christentums (in Kleinasien) finden sich Menschen zusammen, weil sie Mensch sind, und weil sie das Menschsein, dadurch dass sich der Christusgeist mit jedem Menschen verbunden hat, als geheiligt erleben. In diesen Gemeinden treffen wir Juden, Griechen, Heiden, Christen und eine Vielfalt von Gruppierungen an, deren Namen uns nichts mehr sagen, die sich aber in jenen Zeiten voneinander fern hielten, weil sie zu ungleich waren, um miteinander zu verkehren. Wir können uns kaum vorstellen, wie revolutionär die christlichen Urgemeinden in jener Zeit waren, wie viele Tabus durchbrochen werden mussten und welche Aggressionen sie wachriefen. Das ist in der Apostelgeschichte nachlesbar.

Der Streit zwischen Papst und Kaiser

Obwohl diese christliche Strömung ihre Aufgabe nur erfüllen konnte, wenn sie sich von jeglichem politischen Engagement freihielt und sich keinen institutionellen Rahmen gab, vollzog sich die Entwicklung genau entgegengesetzt. Im vierten Jahrhundert kam Kaiser Konstantin zu der Einsicht, dass es besser war, die Christen nicht länger zu bekämpfen, sondern sie aus ihren Katakomben zu holen und das Christentum zur Staatsreligion zu erklären. Dadurch würde es bald den für ihn bedrohlichen esoterischen Charakter verlieren. Und das war tatsächlich der Fall. Das wahre Christentum blieb gewissermaßen in den Katakomben, überlebte in einem unterirdischen Strom in den Manichäern, Katharern, Gralsrittern, Tempelrittern, Rosenkreuzern und Alchemisten. In unserer Zeit sucht es wieder an das Tageslicht zu treten.

Mit Konstantin kommen wir auf ein Thema zurück, das wir schon früher berührt haben: die geistigen Führer, die ihre Autorität schwinden fühlten, bzw. die weltlichen Führer, die keine geistige Autorität über sich akzeptierten. Seit das Rechtsleben einen eigenen autonomen Platz im sozialen Organismus beansprucht, ist der Verlauf der Geschichte geprägt vom Streit zwischen den beiden, der Vertikalen von Hierarchie und Macht auf der einen, der Horizontalen von Demokratie und Gleichheit auf der anderen Seite.

Wir nennen einige Phänomene in willkürlicher Reihenfolge:
Die hierarchisch höchsten Führer des römischen Reiches, anfangs die demokratisch gewählten Senatoren, fühlen sich in ihrer Macht bedroht, da sie keinen Zugang mehr zu den geistigen Quellen haben. Sie versuchen dem zu begegnen, indem sie:

- vom Senator zum Kaiser aufsteigen und sich in der Folge als Gott verehren lassen,
- die Einweihung in Mysteriengeheimnisse erzwingen

- mit echter Devotion die Einweihung in einen noch lebenden Mysterienstrom suchen (Julianus Apostata)
- alles, was noch Zugang zu geistigen Inspirationen hat, mit Stumpf und Stiel ausrotten (die Kaiser Konstantin und Justinian)

Die römisch-katholische Kirche zeigt dieselben Züge. Wo sie sich selbst immer mehr zu einer weltlichen Macht mit ›horizontalen Ambitionen‹ entwickelt, fühlt sie sich durch alles bedroht, was noch echte vertikale Orientierung hat. Das muss ausgerottet werden. Und so beginnt, später mit Hilfe der Inquisition, der Kampf gegen die Gnosis, die Katharer, das irische Christentum, die Rosenkreuzer und andere okkulte Strömungen. Und was die horizontalen Ambitionen betrifft, sehen wir die römisch-katholische Kirche eine ausgesprochen aktive Politik betreiben: Papst Johannes Paul mit seinen subtil ausgewählten und zeitlich genau abgestimmten diplomatischen Reisen war dafür ein gutes Beispiel und auch, wo immer möglich, Einfluss auf das Wirtschaftsleben auszuüben (über den langen Arm des Opus Dei).

Das gesamte Mittelalter ist gekennzeichnet durch den Streit zwischen Kaiser und Papst, bzw. zwischen Bischöfen und örtlicher Geistlichkeit einerseits und Vasallen und Lehnsherren des Königs andererseits. Der Streit kulminiert in der Frage, ob der König sich durch den Papst krönen lässt oder ob er sich selbst die Krone aufsetzt (so wie Karl der Große). Als Heinrich IV. durch den Papst zum Bußgang nach Canossa beschieden wird, ist das ein Triumph des Papstes. Andersherum liegt die Sache bei Philipp dem Schönen. Er weiß Papst Clemens völlig in seine Macht zu bringen, lässt ihn von Rom nach Avignon umziehen und danach den Templerorden (die größte Bedrohung von Philipps Macht) aufheben.[34]

Als die Hierarchie zur Monarchie absteigt (d.h. es herrscht nicht mehr das Heilige, sondern ein Mensch), besteht immer noch die Neigung, dem Königtum etwas Heiliges mit auf den Weg zu geben. Ludwig XIV., der Sonnenkönig, war dafür ein gutes Beispiel. Er sagte: »L´état c´est moi«. Aber auch die Habsburger, die Hohenzollern, die Karolinger, die Merowinger, die Capets umgaben sich mit der Aureole ihres Familiengeistes, der allmählich sakrosankt wurde.

Der Streit zwischen der kirchlichen und der weltlichen Macht scheint insofern beendet zu sein, als in den meisten Demokratien Kirche und Staat grundgesetzlich geschieden sind. Im irischen Konflikt allerdings sind die beiden noch gehörig miteinander vermengt. Und in der Politik der großen Nationen gibt es hinter den Kulissen noch viele Verflechtungen. Ganz explizit findet der Streit noch in den islamischen Ländern statt. Dort ist die Theokratie noch vollauf in Gang.

Die ›vertikalen Herrscher‹ haben ein vortreffliches Mittel gefunden, um den ›Horizontalisten‹ den Wind aus den Segeln zu nehmen. Gleiche Rechte für gleiche Bürger verlangen nach amtlichen Regelungen und gerechten Prozeduren, die streng kontrolliert werden müssen, so dass die Gleichbehandlung auch garantiert werden kann. Aber mit diesen amtlichen Regelungen, Prozeduren und Kontrollvorschriften ist die Bürokratie eingeführt. Und innerhalb kürzester Zeit wächst daraus eine bürokratische Hierarchie, deren Spitze sich wie ein Papst

34. Es waren die Tempelritter, die in dieser Zeit des Streites zwischen Papst und Kaiser, ihrer Zeit weit voraus, sich an dem Grundsatz orientierten, dass »jeder sein eigener Papst und jeder sein eigener König« sein sollte, eine Situation, die Steiner später als ethischen Individualismus charakterisieren sollte. Für Bernhard von Clairveaux (der dem Templerorden seine spirituelle und juristische Grundlage gab) hatte der von ihm ins Leben gerufene erste Kreuzzug primär das Ziel einer ›ecclesia non romana‹, eines Christentums, das nicht durch die machtgierige römische Kirche (und einen Papst, der auch Kaiser sein will) geführt wird, sondern sich direkt aus der zentralen Quelle speist. Diese suchte man im heiligen Land, weswegen die Moslems daraus vertrieben werden mussten.

oder ein König benimmt. Und das alles im Namen und zu Gunsten der horizontalen Gleichheit.

Widerstand gegen Hierarchien

Gegen solche Tendenzen zur ›Rehabilitation‹ von alten Hierarchien regt sich der Widerstand bei allem, was sich in den letzten Jahrzehnten als Mitbestimmungsbewegung, NGO´s, Dissidenten und gesellschaftskritische Gruppierungen profiliert hat. Kirche und Staat mögen zwar geschieden sein, die alte vertikale Hierarchie aber dringt noch immer überall hinein und benimmt sich mit einer Arroganz, als ob seit dem Zeitalter der Theokratie keine Entwicklung stattgefunden habe. Und gegen diese Arroganz der Hierarchien in der Politik, in den Betrieben, in der Gewerkschaftsbewegung, auf medizinischem Gebiet, im universitären System widersetzen sich die Bürger, Konsumenten, Arbeitnehmer, Patienten und die Studenten. Der Kampf ist noch lange nicht ausgekämpft![35]

Das Interessante an der Hierarchie in einer Organisation ist, dass sie von oben nach unten (top-down) arbeitet, aber von unten nach oben (bottom-up) wächst. Erst gibt es nur einen Pionier. Dann wird er der Chef von fünf Mitarbeitern. Danach wird er der Direktor von drei Abteilungsleitern, die jeder 10 Mitarbeiter unter sich haben. Später dann der Generaldirektor mit vier leitenden Angestellten, die jeder fünf Abteilungsleiter mit 15 Angestellten unter sich haben. Die Anzahl der Ebenen wächst, und damit die Hierarchie und die Höhe der Pyramide. Die Spitze wird gleichsam von unten immer weiter hoch gedrückt. Und die Hierarchie wächst nicht nur deshalb, weil

35. Der Sammelbegriff für diese Millionen von Kämpfenden ist »die kulturell Kreativen« oder »die Zivilgesellschaft (cicil society). Es war Paul Ray, der in jahrelanger Forschung herausfand, dass über die ganze Welt verteilt Millionen von Menschen mit dem Weltgeschehen zutiefst unzufrieden sind. Sie suchen nach Möglichkeiten initiativ zu werden, mehr persönliche Verantwortung zu übernehmen, Menschenrechte zu verwirklichen, die Sorge für die Umwelt ernst zu nehmen. Obwohl sie nicht organisiert sind, bilden sie eine reale Bewegung mit einer enormen Potenz.

der eigene Mitarbeiterbestand wächst, sondern auch, weil das Unternehmen sich bestimmter Aktivitäten ›annimmt‹, von denen es abhängig ist und die es gern unter seiner Kontrolle haben will (Lieferanten von Rohstoffen und Halbfertigprodukten, Dienstleister, Groß- und Zwischenhandel, Forschung, Werbung, Lobbyarbeit in Brüssel, Ausbildungseinrichtungen und, nicht zu vergessen, konkurrierende ›Kollegen‹). Und so entstehen immer umfassendere Machtstrukturen mit immer höheren Pyramiden.

Ende der 80er Jahre wurde der inzwischen verstorbene Consultant-Guru Peter Drucker gefragt: »What are the leading issues for the 90ths?« Er sagte prompt: »Reciprocity« (Gegenseitigkeit). Seine Erklärung war: »In der Weltökonomie ist ein gigantisches Netzwerk von Abhängigkeiten entstanden zwischen Produzenten und Abnehmern, Dienstleistern und Subunternehmern, Politikern und Gewerkschaften, Lieferanten und Transporteuren, um nur eine Anzahl willkürlicher Kategorien zu nennen. Dieses Netzwerk ist nur horizontal durch vernünftige Beratungen und Verhandlungen zu organisieren. Wir müssen wagen, die gegenseitigen Abhängigkeiten zu akzeptieren und nicht versuchen, sie durch vertikale Machtstrukturen unter zentrale Kontrolle zu bringen. Das verlangt die Entwicklung von Vertrauenskräften[36] und einen neuen Realismus.«

Druckers Äußerung war ein beeindruckendes Plädoyer für den Abbau archaischer hierarchischer Strukturen und für den übenden

Auf den sozialen Weltforen in Porto Alegre (2000–2002) und Bombay (2003) erschien sie auf der Bildfläche. In der Schlacht von Seattle zeigte sie ihre Kraft. Wir werden uns an vielen Stellen im Verlauf dieses Buches auf diese Bewegung beziehen. Eigentlich ist das ganze Buch ein einziger großer Versuch, aus einer größeren historisch-menschenkundlichen Perspektive zu formulieren, was als tiefstes Anliegen in diesem Civil Society Impuls lebt. Als Literatur ist in diesem Zusammenhang zu empfehlen:
Paul Ray, The cultural creatives, New York 2000, Nicanor Perlas (Alternativer Nobelpreis 2003), Shaping globalization. Civil Society, Cultural Power and Threefolding, Manila 2000, Jesaiah Ben Aharon, Globalisering en de verantwoordelijkheid van Amerika, Zutphen 2004

36. In meinem Buch über Vertrauen habe ich die Entwicklung von Vertrauenskräften als einen modernen Schulungsweg des Willens beschrieben.

und lernenden Umgang mit horizontalen Netzwerken, an denen alle gleichwertig teilnehmen. Darauf kommen wir im Kapitel VI zurück.

Die Gegenmächte

Wir haben in diesem Kapitel, in dem wir die Themen Hierarchie und Gleichheit unter dem Aspekt der Evolution untersucht haben, bisher eine Erscheinung außer Acht gelassen, die von fundamentaler Wichtigkeit für den Verlauf der Evolution ist: das ist die Rolle des Bösen, die Erscheinung der Gegenmächte auf dem Schauplatz der Geschichte. Wir werden uns hier nicht in die seit Menschengedenken geführten theologischen Streitgespräche einmischen, die da fragen, wie es möglich ist, dass der gute und allmächtige Gott das Böse in seiner Schöpfung zulässt. War das nötig, konnte Er das nicht verhindern? Die einfachste Art, um zu diesem Schöpfungsparadoxon ein Verhältnis zu finden, ist sich klarzumachen, dass Freiheit voraussetzt, dass man freie Entscheidungen treffen und dabei folglich auch auf Abwege kommen können muss. Wenn das Gute von vornherein vorprogrammiert ist, kann von Freiheit keine Rede sein. Der Mensch muss auch sündigen können, um das danach in Freiheit einsehen und den rechten Pfad wählen zu können.

Obwohl durch das Unterscheiden von Diabolos und Satanas in der Bibel das Geheimnis der Doppelnatur des Bösen unverhüllt ausgesprochen wird, hat die christliche Theologie die Thematik des Bösen seit den allerersten Anfängen als Dualität beschrieben: Gut und Böse, Gott und Teufel, Himmel und Hölle. Was in der Bibel unverkennbar zu finden ist, wird in Steiners Geisteswissenschaft in das helle Licht des klaren Denkens getaucht. Das Böse manifestiert sich als Polarität. Das Gute, der Mittelweg der Menschwerdung, ist von zwei Seiten bedroht. Das hängt damit zusammen, dass der Mensch selber ein Mitte-Wesen ist. Um seine Bestimmung zu erfüllen – das Repräsentieren von Freiheit und Liebe im Chor der Hierarchien – muss er als Geistwesen auf der Erde leben. Die Hierarchien über ihm haben zwar einen individuellen Wesenskern, aber sie sind nicht auf der Erde inkarniert. Die Naturreiche unter ihm leben zwar in physischer Gestalt auf der Erde, aber sie sind nicht Träger eines individuellen Ichs. Der Mensch ist das einzige Geschöpf, das als Geistwesen voll bewusst auf Erden lebt. Er bildet wirklich ein eigenes Reich zwischen Himmel und Erde. Damit wird deutlich, in welche Richtung jede der zwei Mächte des Bösen den Menschen auf Abwege bringen, oder um es positiv auszudrücken, auf die Probe stellen will, damit er aus eigener Kraft die Mitte findet.

Die eine Kraft – Luzifer, Diabolos – macht den Menschen erdenflüchtig, verleitet ihn zu geistigem Hochmut (›Gottes Ebenbild‹), macht ihn selbstsüchtig, erhebt ihn in die Sphäre von hohen, aber oft illusionären Idealen, damit er die Erdenrealität nicht ernst nimmt.

Die andere Macht – Ahriman, Satanas – macht den Menschen erdensüchtig, er will ihn ganz an die Erde binden, so dass er sich selbst und seinen geistigen Ursprung vergisst und damit ›menschseinsflüchtig‹ wird.

Sowohl das Thema Hierarchie, als auch das Thema Gleichheit bieten großzügige Tore, durch die die beiden Mächte und ihre Helfer in die Menschenseele einziehen und damit ihren Beitrag zur Evolution leisten können. Wir werden diese Tore nacheinander beschreiben.

Luzifer und die Hierarchie

Wenn Luzifer durch das Tor der Hierarchie einzieht, werden alle funktionalen Rangordnungen zu einer mit persönlichen Emotionen aufgeladenen Statusskala. Wer höher steht, ist wichtiger, darf darum auch mehr verdienen und sich allerlei Vorrechte anmaßen. Luzifer diskriminiert in »more and less equal«, in über- und unterlegen. In den Lebensverhältnissen der Kolonialzeit findet man ein deutliches Beispiel dafür. Wer das Buch von Geert Mak liest (»De eeuw van mijn vader«) kann über die Überlegenheitsgefühle staunen, die die Kolonisten noch zu Beginn des 20. Jahrhunderts gegenüber den unterlegenen Eingeborenen hatten (siehe Fußnote 8). Der Tuan sprach eine andere Art Malaysisch nach unten als der Jongos nach oben! Wenn gegenwärtig von Oppositionsgruppen gegen die Arroganz der Macht (der Bürokraten, Politiker, Topmanager, Wissenschaftler) gewettert wird, richtet sich der Kampf in Wahrheit gegen Luzifer. Wenn Hierarchie und damit Macht mit sachlichen und funktionellen Argumenten legitimiert wird, ist das oft nur zum Teil wahr. Was nicht ausgesprochen wird, ist der Wunsch, das aufgeblasene Selbstgefühl nicht zu verlieren. Man kann süchtig nach Luzifer werden! Dasselbe gilt auch für Bewegungen, die im gesellschaftlichen Leben einen herausragenden Platz einnehmen und diesen natürlich behalten wollen. Die ›konventionelle‹ Wissenschaft versucht dann mit kühlen, rationalen Argumenten (und wo das nicht gelingt mit Hohn und Spott) deutlich zu machen, dass alle Einsichten, die nicht auf der Basis gängiger Paradigmen erworben sind, dem Anspruch der Wissenschaftlichkeit nicht genügen, also als unterlegen, minderwertig und damit eigentlich als Pfuscherei zu gelten haben.

Und so auch die römisch-katholische Kirche. Sie kann von ihren selbst postulierten Grundlagen aus beweisen, dass sich jede andere Theologie auf Abwegen befindet, da sie selbst die Wahrheit gepachtet hat. Und das tut sie nach eigener Aussage voller Demut (sic! Luzifer).

Ahriman und die Hierarchie

Wenn Ahriman durch das Tor der Hierarchie einzieht, geht es um Macht und Herrschaft. Ahriman will nicht glänzen und Beifall ernten so wie Luzifer, er arbeitet am liebsten im Dunklen – wenn er nur regieren, beherrschen und kontrollieren kann. Er lebt sich in der Bürokratie aus. Er errichtet mit kalter Intelligenz Systeme, Strukturen und Prozeduren, in denen die Menschen gefangen sind. Für ihn ist das Ziel nicht nur: »Big brother ist watching you«, er strebt darüber hinaus »controlling and programming you« an. Und dafür gebraucht er Hierarchien, die ihm Macht verleihen.

Aus dem Vorangehenden kann man deutlich sehen, dass Luzifer und Ahriman, wenn sie dasselbe Einfallstor gebrauchen, sich auch oft gegenseitig den Ball zuspielen, um ihre eigenen Ziele zu erreichen.

Luzifer und die Gleichheit

Schauen wir nun nach dem anderen Tor, dem der Gleichheit (mit der Gleichwertigkeit hat Luzifer schon über das erste Tor abgerechnet). Wie gebraucht Luzifer dieses Thema für seine Zwecke?

Auf zwei Arten korrumpiert Luzifer die Gleichheit der Menschen. Wir haben den Weg zum Erleben der Gleichheit aus zwei Blickwinkeln beschrieben. Der erste war: das Suchen nach der eigenen Identität, dem eigenen innersten Wert und das Erleben der Gleichheit in der Tatsache, dass jeder Mensch auf seine Art dorthin auf dem Weg ist.

Der zweite Blickwinkel war die Entdeckung, dass das Ziel dieses Weges für uns alle das Gleiche ist: das Menschenwesen.

Diese zwei Aspekte korrumpiert Luzifer. Für den ersten Aspekt wählt er den Weg über die oben beschriebenen Artgenossen. Die

Gleichheit, auf die es dabei ankommt, ist die Gleichheit von einem Teilaspekt meines Wesens oder eine äußerliche Schicksalsgleichheit. Wenn ich in diesem Zusammenhang über Gemeinschaft spreche, hat das den Charakter der alten Gruppenseele oder Familienbande. Wenn ich in diesem Zusammenhang über Liebe spreche, dann ist es reine Eigenliebe. Ich habe die abgrundtiefen Unterschiede zwischen den Menschen überhaupt noch nicht erlebt, geschweige denn die diesen Abgrund überbrückende fundamentale Gleichheit.

Auch den zweiten Aspekt korrumpiert Luzifer. Wenn wir erleben: alle diese urverschiedenen Menschen sind im Wesen gleich, sind im Wesen eins, weil sie alle Mensch sind, so ist das als Begriffsbildung beschrieben ein Abstraktionsprozess, obwohl es doch gerade konkret-wesenhaft gemeint ist. Luzifer benutzt den Abstraktionsprozess ohne die konkret-wesenhafte Seite, wozu das Denken in der Lage ist. Mit der souveränen Missachtung der irdischen Verschiedenheit, die Luzifer eigen ist, bildet er Begriffe im Licht, von denen alles gleich wird. Wir kommen im nächsten Abschnitt darauf zurück. Wir kennen die sogenannten Containerbegriffe wie Stress, Prozess, Veredelung, Nachhaltigkeit, Sekte. Sie machen die ungleichartigsten Dinge gleich und suggerieren damit auch im Sozialen eine Art Gemeinschaftlichkeit, die entweder die Basis zur Zusammenarbeit oder der Anlass zu totaler Ablehnung sein soll.

Ahriman und die Gleichheit

Wenn Ahriman durch das Tor der Gleichheit tritt, setzt sich der große Einebner in Bewegung. Wir haben bereits darüber gesprochen. Normalisierung, Standardisierung, Uniformierung von Produkten, von Qualitätsanforderungen, von Diagnoseverfahren, von Unterrichtsprogrammen. Hier sehen wir, wie intim die beiden Tore miteinander in Verbindung stehen. Was Ahriman durch das Tor der Herrschaft, der Macht, erreichen will, beschafft er sich selbst durch das Tor der Gleichheit. Wir haben damit die beiden Ausgangsfragen der Einleitung schon ein ganzes Stück weit beantwortet, kommen aber im letzten Abschnitt noch darauf zurück.

Das menschliche Denken

Wir wollen dieses Kapitel abschließen mit einer kurzen Betrachtung über das menschliche Denken. Im vorhergehenden Abschnitt über die Wirksamkeit von Luzifer und Ahriman sind wir bereits auf den denkenden Menschen gestoßen. Und als wir beschrieben haben, wie das Thema Gleichheit der Rechte kulturhistorisch gleichzeitig mit dem Dekadentwerden der traditionellen Hierarchien auftaucht, fiel das augenscheinlich zusammen mit der Geburt des selbständigen begrifflichen Denken. Es zeigt sich, dass das Denken tatsächlich eine intime Beziehung zu den beiden roten Fäden hat, die wir in diesem Buch verfolgen. Wir wollen in diesem Zusammenhang versuchen, das noch einmal darzulegen.

Das Denken ist sowohl der große Gleichmacher, als auch der Unterscheider des Verschiedenen. Es kann in der Begriffswelt auch Hierarchien aufbauen. Kurzum, es hat eine große Formkraft, die Ordnung schafft im Chaos der an sich gleichwertigen Sinneseindrücke. Mit den für die Wahrnehmung zur Verfügung stehenden Begriffen erkennt es die Gestalt zusammenhängender Sinneseindrücke und bezeichnet sie sofort mit einem Namen. Dies ist ein Stuhl und das ein Tisch, dies ist demokratisch und das autoritär. Aber mit denselben Begriffen macht es sofort auch Unterscheidungen: Dieser Stuhl hat Armlehnen und der nicht, dies ist ein Auto mit einem Dieselmotor, das dort hat einen Benzinmotor. Das Denken schafft auch Vordergrund und Hintergrund, unterscheidet zwischen Wesentlichem und

Unwesentlichem. Und dann kann sich das Denken in Begriffshierarchien bewegen. In Kapitel I haben wir dafür schon ein Beispiel gezeigt. Um noch ein anderes zu nennen: Eine Anzahl einander gleicher Tiere bezeichnen wir als Pferd. Unter diesen Begriff fallen keine Kühe und Schweine. Aber wenn wir über den Begriff Huftiere sprechen, fallen sie wohl darunter. Die Nagetiere und Raubtiere gehören jedoch nicht dazu. Aber wenn ich zu dem umfassenderen Begriff Säugetiere aufsteige, kommen sie wieder hinzu. Und unter dem Oberbegriff Wirbeltiere gehören auch die Fische und Vögel dazu. Die Begriffe werden immer umfassender und in gewissem Sinne abstrakter. Je höher, desto mehr machen sie gleich, je weiter unten, desto mehr gehen sie auf das Ungleiche ein. Die beiden Themen Hierarchie und Gleichheit gehen hier Hand in Hand. Sie haben noch keine soziale Implikation. Der Prozess spielt sich im Bewusstsein ab. Das wird sofort anders, wenn die enorme Formkraft des Denkens soziale Relevanz bekommt.

Solange die Intelligenz noch den Charakter kosmischer Weisheit hatte, konnte sie ihre formende, ordnende Wirkung noch in einer für den Menschen überpersönlichen Sphäre entfalten. In dem Maße, wie die kosmische Weisheit mehr und mehr den Charakter irdischer Intellektualität bekommt, weil sie sich in menschlicher ›Verwaltung‹ befindet, wird diese Verwaltung mit Macht verbunden. Wir denken dabei an:

- die dominante Rolle der Schriftgelehrten in der jüdischen Gesellschaft,
- die Machtposition der beiden intellektuellsten Orden in der katholischen Kirche, der Jesuiten und der Dominikaner,
- die Rolle des Kapitalismus (lat. caput = Haupt, der Sitz des Denkens), der seine Macht immer mehr der Fähigkeit leitender Menschen verdankt, industriellen und kommerziellen Prozessen denkend ihre Form zu geben,

- den Slogan, der eben das zum Ausdruck bringt: Wissen ist Macht,
- die aggressiv-beherrschende Kraft des analytisch-reduktionistischen Denkens wie Bacon es einführte. Von ihm stammt der Ausspruch: »Wenn die Natur ihre Geheimnisse nicht gutwillig preisgibt, legen wir sie auf die Folterbank«:
- die Dominanz der Ratio, die in der Mann-Frau Beziehung dem Mann so oft das Übergewicht verleiht,
- den enormen Status- und Einkommensunterschied, der noch immer zwischen weißen Kragen und blauen Overalls besteht, zwischen intellektuellen Berufen und Handwerkern. Alle handwerklichen, hauswirtschaftlichen und sonstigen praktischen Ausbildungen, die ihren Status hochschrauben wollen, erhöhen die Zugangsvoraussetzungen in Richtung auf eine höhere, intellektuellere Vorausbildung und verschieben in ihrem Lehrplan den Akzent von der Praxis in Richtung Theorie,
- die Macht der Sachverständigen, der Experten, die auf einem Spezialgebiet einen großen Vorsprung vor allen anderen haben und mit diesem Wissen Macht ausüben können.

Wir werden in den letzten beiden Kapiteln darlegen, dass wir zum Überwinden der Machtproblematik auf dem Gebiet der Hierarchie und der Diskriminierungsproblematik auf dem Gebiet der Gleichheit mit unserem Denken anders umgehen müssen, ja das Denken selbst in seiner Entwicklung einen Schritt weiter führen müssen.

IV.

Was sagt die Sprache über Rangordnung und Gleichheit?

Für den Erforscher sozial-kultureller Erscheinungen – wie Rangordnung und Gleichheit – bietet die Sprache eine reichhaltige Fundstelle. Denn sozial-kulturelle Entwicklungen hinterlassen ihre Spuren nicht nur in sozialen Strukturen und Ausdrucksformen der Kultur, sondern auch in der Sprache. Sprache ist viel mehr als ein Medium zum Austausch von Informationen. In der Sprache kommt zum Ausdruck, was in den tieferen Schichten der Seele lebt. In Worten und Ausdrücken spricht sich oft eine Weisheit aus, die weit über die Intelligenz von demjenigen hinausgeht, der sie benutzt.

Im vorigen Kapitel haben wir gesehen, wie stark in den alten Kulturen das soziale Leben von einer hierarchischen Ordnung durchzogen war, und wie stark diese hierarchische Ordnung das Lebensgefühl der Menschen bestimmte. Darum ist es nicht erstaunlich, dass dieses Lebensgefühl auch auf breiter Front die Sprache durchzieht. Einige Beispiele in Bezug auf das hierarchische Leben werden wir im ersten Teil dieses Kapitels nennen. In Bezug auf die Gleichheit soll das im zweiten Teil geschehen.

Rangordnung in der Sprache

Für diesen ersten Teil führt unser Erkundungszug in das Gebiet der Sprache an den Wegzeichen der Begriffe hoch/niedrig (tief), oben/unten und auf/ab (nieder) entlang.

hoch / niedrig (tief)

In einer hierarchisch geordneten Gesellschaft wird das Höhere identifiziert mit dem Geistigen, dem Edlen, Mächtigen. Das kommt in Worten zum Ausdruck, in denen das Wort hoch nicht in seiner physischen, d.h. quantitativen Bedeutung (ein hoher Berg, höchste Zeit, hoch betagt, er wohnt drei Treppen hoch), sondern im übertragenen Sinne gebraucht wird: geoffenbart sei Gott in der Höhe, Hochaltar und Hohepriester, Hoheit, ein hoher Würdenträger, Hochwürden, hochgestellt und hochgeschätzt, bzw. hochstehend und hochgeachtet, Hochschule und Hochschullehrer. Und wenn Luzifer in die Seele einzieht, wird der Mensch ›hoch-mütig‹.

Das Gegenbild finden wir in den Wortkombinationen mit niedrig und tief. Dort gibt es beträchtlich weniger Beispiele. Augenscheinlich wird in einer geschichteten Gesellschaft mehr nach oben als nach unten geschaut und das kommt in der Sprache zum Ausdruck. Auch hier schauen wir nicht auf das Wort niedrig oder tief in seiner räumlichen Bedeutung (Niederschlag, Niederungsmoor, Niedrigwasser oder Tiefstand und Tiefebene), sondern im übertragenen Sinn. Wir stoßen dann auf Ausdrücke wie:

- er hat nur einen niedrigen Schulabschluss
- er ist von niederer Herkunft
- ihr Handeln war niederträchtig
- sie ist tief gefallen

Es ist deutlich, dass wir uns damit an der Basis der Pyramide befinden, die auf die Parameter Intelligenz, Gelehrsamkeit und Moralität aufgebaut ist.

oben / unten (über / unter)

Obwohl dieses Paar sinngemäß nahezu identisch ist mit dem vorangehenden (was oben ist, ist höher, was unten ist, niedriger), ist dieser Unterschied doch emotional geladener, hat mehr den Anklang von: wer steht oben? – während der vorherige objektiveren, inhaltlicheren Charakter hat.

Wir werden wiederum untersuchen, wie dieses Begriffspaar in der gesprochenen Sprache zum Ausdruck kommt, und auch hier nicht in der buchstäblichen Bedeutung (Obergeschoss, Oberkante, Oberlippe), sondern im sozialen Sinn. Dort begegnen wir Worten wie Oberhaupt, Obermeister, Oberschwester, gesellschaftliche Oberschicht, Oberlandesgericht und außerdem Ausdrücken wie obenauf sein, ganz oben sein, oben am Tisch sitzen, von oben herab sehen, Oberwasser bekommen. Und wenn wiederum Luzifer in die Seele einzieht, werden wir ›über-heblich‹.

In eine objektive Sphäre, die an die vorige Unterscheidung denken lässt, kommen wir bei Begriffen wie ober- oder überirdisch, übernatürlich und übersinnlich.

Bei diesem Begriffspaar fällt die Ernte an der Unterseite viel reichlicher aus als vorhin. Wir lassen hier zwei Bedeutungen außer Betracht, die räumliche (Unterseite, Unterarm, Unterlage) und ebenso diejenige, wo es um das quantitative Untererfüllen einer Norm geht (Unterbesetzung, unterbezahlt, Unterdruck). Wir sehen uns den Begriff in einem sozialen Kontext an.

Dort begegnen uns relativ objektive Begriffe wie Unterbewusstsein und unterirdisch, organisatorische Hierarchiebegriffe wie Unterabteilung, Unteroffizier, Unterausschuss, Untergebener und – mit feudalerem Charakter – Untertan, unterwürfig und im Rahmen von Machtverhältnissen Begriffe wie Unterschicht, Unterdrücker, underdog, Unterläufer, Unterwerfer, Menschen unter dem Daumen halten.

Einer pikanten sprachlichen Erscheinung werden wir im folgenden Kapitel begegnen, wenn wir auf die Bedeutung des Titels eingehen, unter dem diese Studie steht: »Das Unterste zuoberst«. Wir werden dann über die entscheidende Bedeutung der Worte untersuchen, unternehmen, unterscheiden, unterrichten sprechen.

auf / ab (über / nieder)

Schließlich sehen wir uns noch das Begriffspaar auf und ab (nieder) an. Das sind dynamische Begriffe. Wer sich aufwärts bewegt, kommt hoch und ist oben, wer sich abwärts bewegt, gelangt tiefer, nach unten. Für das Wörtchen ›auf‹ suchen wir nach Begriffen mit der Vorsilbe über-. Wieder lassen wir die buchstäbliche Bedeutung weg. Sie hat meistens mit etwas zu tun, was zu viel ist: Überbevölkerung, übertreiben, überfüllt, Übergewicht. Wir schauen wieder auf hierarchisch geladenen Worte wie Übermacht, Überhand, Überzahl, überwinden, übertreffen, überflügeln, übertrumpfen, überwältigen, überzeugen. Hier gibt es eine reiche Ernte, die vielleicht der Tatsache zuzuschreiben ist, dass es um den ›struggle for life‹ (den Kampf ums Dasein) geht, bei dem die meiste Aufmerksamkeit auf den Weg nach oben gerichtet ist ...

Denn die Ernte auf der anderen Seite ist mager. Wir kommen nicht viel weiter als bis zu herablassendem Verhalten, herabschauen auf, Niedergang, Erniedrigung, Niederlage, Niedergeschlagenheit.

Die Sprache der Bilder

Wir schließen diesen Teil unseres Erkundungszuges ab mit einigen Beispielen von sprachlichen Bildern, die das hierarchische Denken gebraucht.

Zunächst die Bilder, die sich mit dem Leib beschäftigen. Das Haupt als Träger des Geistes, hoch über dem Rest des Leibes, bekam eine immer dominantere Position in dem Maße, wie das selbständige Denken sich entwickelte. Daher kommen die Ausdrücke: das Haupt des Unternehmens, Hauptbuchhalter und Hauptgeschäftstelle. Und in den unteren Regionen finden wir das Fußvolk, dort werden alle Hände gebraucht. In einem Streit um die Macht sagt der Überlegene: »Ich habe ihn in die Knie gezwungen, er ist in die Knie gegangen.« Was der Gläubige freiwillig von unten nach oben (bottom-up) leistet (auf den Knien mit demütig gesenktem Haupt das Höhere anbeten), wird top-down erzwungen. (Im Zusammenhang mit dem Kapitalismus haben wir bereits über die dominante Rolle des Hauptes gesprochen.)

Ein anderes Bild, das wir schon eher genannt haben, ist das des sich selbst erhöhenden hierarchischen Führers: die feudalen Herrscher in ihrer Burg auf einem Felsen, die Vorstandsmitglieder im obersten Stockwerk des Hauptsitzes, der regierende Fürst, auf dem Thron auf einem Podest sitzend, den Kopf mit der Krone erhöht!

Schließlich gibt es noch das Bild, das am besten durch das lateinische Wort ›gradum‹ beschrieben wird. Es bedeutet Schritt, Tritt, Position, Grad. Alles was mit dem Auf- und Abstieg entlang der hierarchischen Leiter zu tun hat, kommt darin zum Ausdruck: das Aufsteigen von einer Position zur anderen, das Erreichen eines bestimmten Kompetenzgrades oder einer bestimmten Entwicklungsstufe. Aber auch das Zurückfallen gebraucht den Stamm dieses Wortes: wir sprechen dann von Regression oder Degradierung.

Die Schlussfolgerung aus diesem Rundgang durch die Sprache ist, dass sich im täglichen Sprachgebrauch noch eine unvermutete Erbschaft verbirgt, die auf das Denken und Erleben in Termen der Macht, von mehr oder weniger Macht, von Machtpolitik und Machtpositionen hindeutet. Ungeachtet aller demokratischer Kontrolle und individueller moralischer Hemmungen steckt die Hierarchie als Grundmuster sozialer Ordnung noch immer in jedem von uns. Und ein Sprachgebrauch, der davon noch starke Spuren trägt, erschwert das Loskommen von diesen alten Mustern. Wir kommen in Kapitel VI noch darauf zurück. Erst aber widmen wir uns – immer noch mit dem etymologischen Blick – unserem zweiten Thema, der Gleichheit.

Gleichheit in der Sprache

Die beiden Themen sind insofern verwandt, als das Aufstellen einer Rangordnung, von hoch und niedrig, von oben und unten, von hochwertig und minderwertig immer mit Ungleichheit einhergeht. Man schafft Abstand, um das andere dominieren zu können. Umgekehrt muss das nicht der Fall sein. Gruppierungen, die sich deutlich von einander unterscheiden wollen (ihr Nicht-Gleich-Sein betonen wollen), tun das längst nicht immer, um dadurch andere beherrschen zu können. Sie haben kein Kontaktbedürfnis, haben Angst infiltriert und damit in ihrer Identität angetastet zu werden.

Wenn wir in diesem Zusammenhang die Worte selektiv, exklusiv, elitär und Apartheid fallen lassen, dann wird deutlich, dass die Motive um Ungleichheit zu betonen und dafür auch soziale Formen zu schaffen, fließende Übergänge haben zwischen mehr oder weniger Nebeneinander über eine mit Werturteilen beladene Rangordnung bis hin zu radikalen Herrschaftsstrukturen.

Jetzt wollen wir uns nicht mehr mit Erscheinungen von Ungleichheit und Diskriminierung beschäftigen, sondern mit ihrem positiven Gegenbild: der Gleichheit. Damit kommen wir vom vertikalen Element der Rangordnung zu dem horizontalen der Gleichheit. Dinge, Menschen und Gedanken stehen dann prinzipiell nebeneinander, ohne Prioritäten, Vorzüge, Rangordnungen, Hackordnung, Über- und Untergeordnetheit.

Weil wir im Kapitel III ausgeführt haben, dass das Thema gleiche Rechte seine volle Entfaltung im römischen Reich erreichte, wollen wir unsere etymologische Untersuchung mit dem lateinischen Wort ›aequus‹ beginnen (nicht zu verwechseln mit dem gleichklingenden Wort ›equus‹, was Pferd bedeutet). Wenn wir das Wörterbuch aufschlagen, finden wir dort direkt Hinweise für die verschiedenen Qualitäten, die der Gleichheitsbegriff in sich birgt.

1. Gleich in sich selbst, eben, flach. Diese Bedeutung verweist auf die bereits genannte Horizontalität. Aber das hat sofort soziale Relevanz. Im römischen Senat konnte man

- ex aequo loco dicere (auf gleicher Ebene sprechen – das tat man mit den Senatskollegen)
- ex inferiore loco dicere (aus einer niedrigeren Position sprechen
- das tat man mit den Richtern, die höher saßen)
- ex superiore loco dicere (aus der Höhe sprechen – das tat man von der Tribüne aus zum Volk)

Weil die Römer auch Raufbolde waren, bekam das Wort aequus auch eine militärische Bedeutung. Als Schlachtfeld ist eine Ebene günstig, für eine Seeschlacht braucht man ruhige See. Und so bekam das Wort ›aequus‹ auch die Bedeutung günstig, ruhig, was dann ins Psychologische übertragen wurde: ruhig, zufrieden, gelassen (aequo animo).

2. Gleich einem anderen. Dinge können gleich groß, gleich hoch, gleich lang sein; es wird mit gleichem Maß gemessen. Im militärischen Sinn: ein unentschiedener Kampf; auf gleichem Fuß verkehren.

3. Gleiches (nicht diskriminierendes) Verhalten gegenüber anderen. Hier finden sich im Wörterbuch Begriffe wie gerecht, unparteiisch, günstig, wohlwollend, gnädig.

An dieser Stelle können wir noch das für die Römer so charakteristische Bild der Frau Justitia mit der Waage hinzufügen. Beim Rechtsprechen ging es immer um die ›aequi-libritas‹ (aequus und libra), das Gleichgewicht zwischen Vergehen und Strafmaß und zwischen Strafen für vergleichbare Vergehen.

Aus dieser römischen Quelle fließt ein Gleichheitsbegriff, der in vielen Lebensgebieten wiederzufinden ist. Zunächst natürlich auf dem gesellschaftlichen Gebiet der gleichen Rechte, weil wir gleichwertig, einander ebenbürtig sind.[37] Aber dann auch auf dem Gebiet der Interaktion: Wo man nicht wirklich auf gleicher Augenhöhe miteinander verkehrt, entstehen Streit und Konflikte. Aus dem Leiden daran kann der Wille zu einem Vergleich entstehen, der Wunsch die Gegensätze auszugleichen.

Und schließlich auf dem Gebiet des Geistes. Hier finden wir das Paradox, dass die Worte Identität und identisch denselben Stamm haben, aber auf den ersten Blick entgegengesetzte Bedeutungen. Identität hat mit Einmaligkeit und Einzigartigkeit zu tun, mit meinem einzigartigen Wesenskern, der darum auch niemals identisch mit einem anderen sein kann.[38]

Wie ist das nun? Beide Worte haben als Stamm das lateinische Wort idem = der- oder dasselbe. Bei dem Wort Identität verweist der Stamm ›idem‹ auf die Tatsache, dass ich derselbe bin wie gestern,

37. Man kann das lesen als von gleicher, zum Beispiel adeliger Herkunft. Die tiefste Bedeutung aber scheint zu sein: Wir stammen aus derselben geistigen Welt, oder um es christlich-religiös zu sagen: Wir sind Kinder desselben Vaters.

38. Das ist uns schon in dem Gedicht von Goethe begegnet, das wir unserem Buch am Anfang mitgegeben haben.

auch wenn ich heute vielleicht etwas anders aussehe und mich anders benehme. Mein Wesenskern ist derselbe (idem), ich kann mich selbst gegenüber anderen identifizieren. Bei identisch geht es um die Frage: In welcher Hinsicht sind wir identisch, dieselben? Und hier kommen wir auf das zurück, was wir in Fußnote 33 geschrieben haben und was auf Grund des Spruches von Goethe weiter ausgeführt werden soll: Wir sind identisch, weil wir alle Träger einer Identität sind, und diese Identitäten sind im Wesen identisch, weil sie auf dem Weg sind, dasselbe Menschenbild zu realisieren.

Bei dieser Interpretation des Begriffes Gleichheit musste ich auch an die letzten Worte denken, die Goethe in Faust II schrieb. Der ›chorus mysticus‹ singt da:

»Alles Vergängliche
ist nur ein Gleichnis …«

Goethe will damit sagen, dass alles was auf Erden in einem stofflich-vergänglichen Gewand erscheint, nur ein Abdruck des geistigen Wesenskernes ist, den man auf einer anderen Ebene suchen muss. Die beiden sind gleich – insofern der eine dem anderen gleicht, ein Gleichnis, eine Parabel des anderen ist. Das Paradox, das uns hier auf dem Gebiet der Gleichheit wiederum entgegenkommt, liegt darin, dass die Quelle einer gesunden ›Horizontalität‹ in der Vertikalen liegt. Man ist horizontal gleich, weil man vertikal auf dem Weg zu sich selbst ist.

Auf zwei Arten wird dieses an sich zu Recht bestehende Paradox korrumpiert. Wir sprachen bereits darüber, dass mit Ahriman in das Gebiet der Gleichheit der große Einebner einzieht: Standardisierung, Normierung, Egalisierung (von equal, aequus). Die Quelle der Gleichheit liegt immer noch in der Vertikalen, aber nun außerhalb des individuellen Menschen. Eine abstrakte, rationale, utilitaristische

Norm, die von Technokraten von außen angelegt wird und uns alle gleich machen will.

Die andere Korrumpierung geschieht auf der horizontalen Ebene und kommt von innen, aus dem Inneren des Menschen selbst. Ich denke, dass dort mehr Luzifer am Werk ist. Es betrifft das Vergleichen der Menschen untereinander. Sie nehmen das Verhalten und die Konsumgewohnheiten der Menschen in ihrer Umgebung wahr und wollen nicht dahinter zurückstehen: das bekannte ›keeping up with the Jones‹. Sie ziehen sich aneinander hoch, nicht im moralischen, sondern im äußeren Sinn, geleitet von Neid und Eifersucht. Das eindrucksvollste Bild für das Finden einer eigenen Norm – als Quelle der eigenen Würde und Ausgangspunkt für das Erleben von Gleichwertigkeit – bietet sich auf der Insel Gotland. Gotland war bis zum Beginn des 12. Jahrhunderts heidnisch. Dann vollzog sich eine rasche Christianisierung. Die verstreut liegenden Bauernhöfe bauten ihre ›Hausaltare‹ zu kleinen gotischen Kapellen um, es gibt dort ungefähr hundert davon. Wir haben einmal auf Gotland Urlaub gemacht und eine große Anzahl dieser Kirchlein besucht. In einer davon trafen wir auf ein Fresko, auf dem Michael dargestellt war, der nach dem Tode die Seelen wiegt. Auf dem Fresko ist dargestellt, wie Kaiser Hendrik II gewogen wird. Und das Maß, mit dem er gemessen wird, die Norm, nach der er beurteilt wird, ist keine abstrakt-externe, keine ›Jones-Norm‹, sondern das ist Hendrik II selbst, aber eben sein werdendes Ideal, sein eigenes Leitbild. Man sieht ihn zweimal auf dem Fresko. Er wird in Bezug auf den Weg beurteilt, den er in seinem Erdenleben in Richtung auf sein höheres Selbst zurückgelegt hat![39]

Obwohl wir scheinbar weit von unserem etymologischen Ausgangspunkt abgekommen sind, sind es doch die zahlreichen Wortzusammenstellungen rund um das Wort ›gleich‹, die der Anlass dafür waren. Wir haben davon abgesehen, die vielen Worte, die mit gleich

39. Das Bild der Waagschale als Ausdruck von Gleichgewicht und Harmonie spiegelt etwas von dem höchsten Ideal wider, nach dem der Mensch strebt: das Gleichwerden mit seinem höheren Wesen.

oder eben beginnen, hier aufzuzählen. Denn sie drücken nur aus, dass der sprechende und denkende Mensch ein Grundbedürfnis hat, die Dinge und Geschehnisse um ihn herum miteinander in Beziehung zu setzen und zu vergleichen.

Wir haben die Worte und Wortkombinationen herausgehoben, die uns vermuten lassen, dass es trotz der deutlich erkennbaren Anwesenheit der Gegenmächte in dieser Gleichheitsprovinz in den Menschen ein tiefes Verlangen nach Spiritualisierung des Gleichheitsprinzipes schlummert. Auf dem Gebiet der Rangordnungen schien das weniger der Fall zu sein. Doch gibt es auch dort interessante Erscheinungen, die wir nur auf unserem etymologischen Rundgang noch nicht wahrnehmen konnten.

Wir kommen auf beides im nächsten Kapitel zurück.

V.

Das Unterste zuoberst – Die Umkehrung der Entwicklungsrichtung

Historische Skizze: Das Freiwerden des Wirtschaftslebens

Wir haben im Kapitel III die sozial-kulturelle Entwicklung der Menschheit so beschrieben, dass sich aus einer das gesamte gesellschaftliche Zusammenleben dominierenden Theokratie nach und nach ein eher demokratisch orientiertes Rechtsleben freimacht. Wir haben gezeigt, dass in dem Maß wie die lebendigen Quellen für die hierarchische Führung des Geisteslebens versiegen, einerseits diese Führer ihre dahinschwindende Autorität durch Macht ersetzen, andererseits der Inhalt dieses Geisteslebens immer weiter verknöchert und in Dogmatik und abstrakte Intellektualität hinein abstirbt.

Auch das Rechtsleben verliert die Beziehung zu seinen Inspirationsquellen (die faktisch im Vorbild der christlichen Gemeinden liegen) und wird von Mächten ergriffen, die es im Namen der Gleichheit zu einer würgenden Bürokratie entarten lassen.

Nun hat sich die ganze Entwicklung zumindest bis zur Renaissance auf der Basis eines schlafenden, dienend-tätigen Wirtschaftslebens abgespielt, dem Teil des gesellschaftlichen Systems, der für die materielle Versorgung der Menschen zuständig ist. Dieses Wirtschaftsleben besorgten die Sklaven, Leibeigenen und Hörigen. In dem Maß, wie Geistesleben und Rechtsleben nun ihren Zugriff auf die Wirklichkeit verlieren, fängt dieses Wirtschaftsleben sich an zu emanzipieren. Es beginnt in Venedig mit der Errichtung einer Handelsrepublik. Der Prozess setzt sich mit den Hansestädten fort, der Emanzipation der Gilden aus ihrer kirchlichen Bindung, der Gründung der Vereinigten Ostindischen Compagnie als der ersten Aktiengesellschaft.

Und doch war das alles noch das Vorspiel, das sich in der Sphäre von Handwerk und Handel abspielte. Der große Durchbruch zu einer Liberalisierung des Wirtschaftslebens kommt im 18. Jahrhundert mit der industriellen Revolution. Der letzte abstrakte Ausdruck eines einstmals blühenden spirituellen Lebens wird zum Ausgangspunkt einer neuen Wissenschaft, die sehr bald operationell wird in einer Technik, die ihrerseits neue Industrie möglich macht. Erstorbener Geistinhalt erblüht zu einem rasch wild wuchernden kommerziell-industriellen Wirtschaftsleben. Die letzten religiösen und feudalen Bande werden abgeschüttelt, so dass man wirklich von einer ungehemmten Entwicklung sprechen kann.

Wie nach der Emanzipation des Rechtslebens ein ununterbrochener Streit um die Hegemonie zwischen Kirche und Staat, zwischen Pabst und Kaiser entbrannte, nimmt dieser Streit nun an Intensität zu, da eine dritte Partei auf der Bildfläche erscheint. Das alte hierarchische Denken – nun nicht mehr individuell, sondern institutionell – erweist sich als äußerst hartnäckig. Bis auf den heutigen Tag streiten die drei ›Gebrüder‹ um die Vormachtstellung in der Gesellschaft.

Bei der Hegemonie des Geisteslebens denken wir an die Theokraten in den östlichen Ländern, an die ideologische Diktatur in der ehemaligen Sowjetunion und den westlichen Ländern, wo Kirche und Staat offiziell voneinander getrennt sind, aber hinter den Kulissen eine nicht unbedeutende Machtpolitik betreiben. Wir denken an die Dominanz des positivistisch-materialistischen Weltbildes, das in Wissenschaft, Bildungswesen und Gesundheitswesen sakrosankt erklärt und durch alle anerkannten Experten aufrecht erhalten wird (tatsächlich also doch eine Art Hierarchie).

Bei der Hegemonie des Staates liegt es auf der Hand, wohin wir schauen. Die Politiker und mehr noch die in ihrem Schatten operierenden Bürokraten haben nur ein Ziel: ihr Territorium zu vergrößern, das gesellschaftliche Leben bis in alle Winkel bürokratisch zu ordnen und zu beherrschen.

Und um die Dominanz des Wirtschaftslebens spielt sich heutzutage der große Streit ab. An allem hängt gegenwärtig ein Preisschild. Wir sprachen bereits darüber, dass der Kommerz allgegenwärtig ist. Wo die Politiker nicht mehr die Fähigkeit, die Phantasie oder den Mut haben, soziale Probleme adäquat zu lösen, werden diese dem Markt überlassen. Letzten Endes ist alles eine Kostenfrage und damit ist die Tür für die Globalisierung weit geöffnet. Für eine Bewegung, die berechtigterweise alles in einem globalen Zusammenhang sehen will, dabei aber die ökologischen, sozialen und kulturellen Konsequenzen rücksichtslos beiseite fegt. Der Widerstand gegen diese Form der Globalisierung hat ebenfalls globale Ausmaße angenommen (Seattle, Prag, Göteborg, Genua).

Dieser Streit um die Hegemonie zwischen Ideologie, Bürokratie und Kommerz ist destruktiv, aussichtslos und unsinnig. Er beruht auf einem Denken in Hierarchien, einem Machtdenken, das völlig überholt ist. Das hätte schon nach dem ersten Weltkrieg deutlich sein können, als sich herausstellte, dass dieser für eben diesen Hegemoniekampf keine adäquate Lösung bot. Obwohl der Krieg das Problem nicht löste, wurden daraus keine grundsätzlichen Schlussfolgerungen gezogen. Der Hegemoniestreit wurde unvermindert fortgesetzt. Der zweite Weltkrieg brach aus. Obwohl danach ungeheure soziale Landschaftsveränderungen stattfanden (Abbau der Kolonialreiche, Entstehung der Menschenrechts- und Umweltschutzbewegung, Ende des Sowjetimperiums, Aufkommen der

Zivilgesellschaft, um nur die Wichtigsten zu nennen), kann man durchaus den Eindruck bekommen, dass viele Machthaber und Repräsentanten des alten hierarchischen Denkens den Ernst der Situation nicht erfassen und noch immer in der Hoffnung leben, dass mit einigen – scheinbar fundamentalen, aber im Wesentlichen doch kosmetischen – Veränderungen das Alte aufrecht erhalten werden kann.

Wer sich eine Vorstellung davon machen will, in welcher Richtung die Erneuerung der Gesellschaftsordnung notwendig ist und wie radikal sie sein muss, vertiefe sich in Steiners Idee der sozialen Dreigliederung.[40] Als Antwort auf die Sackgasse, in der sich die gesellschaftlichen Verhältnisse nach dem ersten Weltkrieg befanden, entwickelte er die Vision des dreigliedrigen sozialen Organismus. Durch seine Fähigkeit, Entwicklungstendenzen auf einem höheren, wesentlicheren Niveau wahrzunehmen, hatte er erkannt, dass die Zeiten endgültig vorbei sind, in denen Menschen in gesellschaftliche Kategorien eingeteilt und von außen geführt werden können. Die Menschen haben sich so weit emanzipiert und individualisiert, dass sie bewusst und autonom an allen Bereichen des gesellschaftlichen Lebens teilnehmen können und wollen und in ihnen auch mitverantwortlich Führungsaufgaben übernehmen möchten.[41]

Die gesellschaftliche Gliederung, von der hier die Rede ist, ist nicht neu. Sie ist uralt, da sie das Menschenbild repräsentiert. In Kapitel II haben wir sie vom indischen Kastenstaat bis zum mittelalterlichen Ständestaat beschrieben: das geistig-kulturelle Leben, das sozial-rechtliche Leben und das irdisch-wirtschaftliche Leben. Wir haben beschrieben, wie diese Glieder anfänglich strikt hierarchisch geordnet waren, wie sie sich nach und nach von einander lösen, um in der Folge über die Hegemonie über die jeweils anderen beiden zu kämpfen, womit letztendlich die alte hierarchische Struktur nur in einer anderen Rangordnung wiederhergestellt ist. Nun geht es in

40. Vgl. Steiner, R.: De kernpunten van het sociale vraagstuk, Zeist 2004

41. In Hinblick auf Fußnote 26 könnten wir die Templer unserer Zeit sagen lassen: »Jeder sein eigener Papst, sein eigener König und sein eigener Unternehmer«.

diesem Buch darum, dass die Idee der sozialen Dreigliederung radikal mit dem alten hierarchischen Denken bricht. In der sozialen Dreigliederung müssen wir grundsätzlich horizontal denken. Das Geistesleben, das Rechtsleben und das Wirtschaftsleben sind im Wesen gleichwertig. Es sind Organe eines sozialen Organismus, die sich in einem gegenseitigen Abhängigkeitsverhältnis befinden. Geistesleben und Rechtsleben können die Voraussetzungen für ein gesundes Wirtschaftsleben schaffen und sollten sich in diesem Sinn auch dienstbar verhalten. Aber das Wirtschaftsleben und das demokratische Rechtsleben sind ebenso Voraussetzung für ein blühendes Geistesleben und sollten ihm in diesem Sinn dienen. Gleiches gilt für das Geistesleben und das Wirtschaftsleben in Bezug auf ein menschenwürdiges soziales Leben. Jedes der drei einander durchdringenden Subsysteme hat eine eigene Funktion und Identität, die es aus dem Ideal herleitet, an dem es sich orientiert: Freiheit für das Geistesleben, Gleichheit für das Rechtsleben, gegenseitige Fürsorge oder Brüderlichkeit für das Wirtschaftsleben. In ihrer Gesamtheit bilden sie ein sozial-ökologisches System, ein horizontales Netzwerk von sich gegenseitig tragenden Funktionen.[42]

Umpolung als Scharnier in der Evolution

Wenn wir die Entwicklungen, die sich in der Gesellschaft vollziehen, im Sinn der Schwerkraft extrapolieren, ist es nicht schwierig, eine Dreizahl einander verstärkender Tendenzen wahrzunehmen. Im so-

42. Aus dem Vorhergehenden könnte das Missverständnis entstehen, dass wir der Meinung sind, dass alle gesellschaftlichen Entwicklungen noch immer in der hier beschriebenen Richtung ›bergab‹ gehen und dass die soziale Dreigliederung als ein schönes Zukunftsbild über dieser Wirklichkeit schwebt. Tatsächlich kann man viele Entwicklungen wahrnehmen, bei denen die gesellschaftlichen Subsysteme nicht nach Hegemonie, sondern nach Autonomie streben, nach einer eigenen Identität und Gleichwertigkeit. Wir sehen das unter anderem in der Menschenrechtsbewegung, in dem Streben nach Basisdemokratie und in der Umweltbewegung. In der Civil Society finden alle diese Bestrebungen eine Einbettung (siehe Fußnote 35).

genannten Geistesleben ein Materialismus, in dem für jegliche Spiritualität kein Platz ist; im sozialen Leben ein Egoismus, der kein Organ mehr hat für das, was zwischen den Menschen lebt; im Wirtschaftsleben ein Opportunismus oder Pragmatismus, der sich nur von den Vorteilen des Augenblickes leiten lässt.

Obwohl Johannes der Täufer schon zum Zeitpunkt der Erscheinung Christi auf Erden »meta-noète« rief, das ist: Ändert euren Sinn, gebt eurem Geist eine neue Orientierung, bekommt dieser Ruf heute eine dramatische gesellschaftliche Aktualität. Ohne in abwertendes Urteilen zu verfallen und im vollen Bewusstsein der vielen positiven Initiativen und Erneuerungsimpulse braucht man doch nur wenig Phantasie, um unsere Gesellschaft in einem bodenlosen Materialismus, Egoismus und Pragmatismus versinken zu sehen, wenn wir der Entwicklung nicht eine radikal andere Orientierung geben. Wir müssen in uns zu Quellen neuer Moralität, neuer Sozialität und neuer Spiritualität vorstoßen. Diese Quellen können wir durch innere kontemplative und meditative Arbeit finden.

Das ist ein individueller Weg, den nur einige wenige einschlagen werden. Wir können die Quellen aber auch finden, indem wir wach sind für die Anforderungen unserer Zeit und uns mutig darauf einstellen. Und ich sage mit Absicht mutig, weil es beim zweiten Weg darum geht, den untersten Stein nach oben zu bekommen. Und damit sind wir beim Titel dieses Buches angekommen. Es geht wirklich um die ›Umwertung aller Werte‹. Ich habe den Eindruck, dass viele Zeitgenossen sich noch nicht klarmachen, wie fundamental und radikal die Veränderungen sind, die unsere Zeit verlangt. Die Worte fundamental und radikal (radix = Wurzel) deuten bereits darauf hin, dass es um Dinge geht, die verborgen sind und dem Höheren die Möglichkeit geben, sich darüber zu erheben. Das kommt auch in dem Wort ›den untersten Stein zuoberst‹ zum Ausdruck.

Wir dürfen nicht unterschätzen, was es bedeutet, das hierarchische

Denken und die auf seiner Grundlage durch Jahrhunderte hindurch geformten Gewohnheiten und Institutionen in Bewegung zu bringen. Wir werden in einem späteren Abschnitt und auch im Kapitel VI etwas über die Hebel sagen, mit denen wir die untersten Steine nach oben heben können und über die tatsächliche Bedeutung dieses Bildes sprechen. Zunächst wollen wir eine Anzahl dieser Steine benennen und die Hierarchie beschreiben, die auf ihnen ruht.

Im Wirtschaftsleben

Die Arbeiter, Arbeitnehmer
Trotz der Gewerkschaftsbewegung und der Arbeitsschutzgesetze sind die Arbeitskräfte immer noch die ›underdogs‹: sie tragen ein Preisschild, sie werden entlassen, wenn das Kapital nicht rentabel genug ist, um die Aktionäre zu befriedigen, sie werden in den Niedriglohnländern brutal ausgebeutet.

Die Konsumenten
Der Kunde ist nur scheinbar König, er bestimmt durch sein Kaufverhalten nur scheinbar den Produktionsprozess. Tatsächlich ist er das Objekt eines gigantischen Apparates, der die Konsumption auf einem bestimmten Niveau hält, das heißt antreibt und lenkt, das heißt manipuliert.

Die Natur
Am stärksten ausgebeutet und missbraucht wird von diesen Dreien aber die Natur. Sie kann sich nur auf natürliche Weise widersetzen. Für das Wirtschaftsleben ist sie nur Rohstoff, Energiequelle, Grund und Boden.

Im sozialen Leben

Die Frau

Trotz der Emanzipationsbewegung und der Gesetze zur Gleichstellung von Mann und Frau werden die Frauen oder besser gesagt die weiblichen Qualitäten noch immer nicht ausreichend gewürdigt. Die bleischwere Hierarchie, die sie unterdrückt, ist die maskuline Gewalt und die Macht der Ratio. In den östlichen Ländern ist die untergeordnete Position der Frauen sogar Teil der religiösen Gesellschaftsordnung.

Die Bürger

Trotz Demokratie, Stimmrecht und Mitbestimmungsmöglichkeiten erlebt jeder Bürger täglich die arrogante Macht der Parteipolitik und des bürokratischen Apparates. Tatsächlich wird er noch immer als Zuschauer an den Rand gedrängt.

Die Entwicklungsländer

Dem Abschütteln des kolonialen Jochs in der ersten Hälfte des 20. Jahrhunderts folgte in der zweiten Hälfte rasch ein viel drückenderes Joch, das sich als Entwicklungshilfe ausgab, tatsächlich aber eine Form des Neokolonialismus war: Das Sicherstellen dieser Länder als Rohstofflieferanten (später auch als Quelle billiger Arbeitskräfte) und als Absatzgebiete. Wir wissen alle, wie dabei die lokale Kultur erodiert, die Schuldenlast drückt und die Kluft zwischen Arm und Reich immer größer wird.

Im geistig-kulturellen Leben

Studenten und Patienten

Bildungs- und Gesundheitsleben sind zwei Grundpfeiler des geistig-kulturellen Lebens. Beide sind fest in der Hand von Experten und Technokraten, den Repräsentanten der materialistischen Wissenschaft. Was an Pädagogik und Gesundheitspflege angeboten wird, hat kaum noch etwas mit dem zu tun, was der heranwachsende oder kranke Mensch braucht.

Die Frage

In meinem Buch über die Entwicklung einer neuen Fragekultur[43] habe ich beschrieben, dass wir eigentlich in einer Antwortkultur leben. Unsere beeindruckende Fähigkeit, intellektuelles Wissen zu erzeugen, bürokratische Vorschriften zu schaffen und materielle Güter zu produzieren, liegt als eine drückende Last auf dem Fragewesen. Wir sind an den Fragen von Forschern, Bürgern, Konsumenten nicht mehr interessiert, denn wir haben schon längst alle Antworten.

Die Wahrnehmung

Man könnte erstaunt sein, dass wir als letzten dieser ›Steine‹, von denen der unterste nach oben kommen muss, die Wahrnehmung nennen. Eigentlich liegt es auf der Hand zu unterstellen, dass in einer Kultur, die derartig in Bildern lebt (TV, Kino, Illustrierte, Showbusiness usw.) und deren Wissenschaft derart auf festgestellten Tatsachen beruht, dass in einer solchen Kultur die Wahrnehmung regierend auf dem Thron sitzt. Und doch gibt es nur Weniges, was so durchgängig unterschätzt wird wie die Wahrnehmung. Das bedarf einer Erklärung. Wir haben in Kapitel III beschrieben, wie alle Kultur dem Geistigen entspringt. In älteren Kulturen war das Bewusstsein noch

43. Vgl. Bos, A.H.: Vraagbakens: Over de ontwikkeling van een nieuwe vraagkultuur, Zeist 2000

mit Geistwirklichkeit erfüllt. Die Erde war Maya. Natürlich hatten die Menschen Sinneseindrücke, aber was sie wahrnahmen, war nicht die sinnliche Wirklichkeit, sondern das Geistig-Wesenhafte, das darin wirkte. Als sich die Emanzipation vollzieht, erwacht nach und nach das auf die Sinneswahrnehmung gestützte Bewusstsein. Es ist, als ob sich der Nebel verzieht und allmählich die konturierten Objekte auftauchen. Der Beginn der sogenannten Neuzeit, mit Anbruch der Renaissance, bedeutet in diesem Prozess ein markantes Stadium. Es entsteht eine Faszination an der sinnlichen Wahrnehmung, richtiggehend eine Freude am Wahrnehmen. Die Skizzenbücher von da Vinci sind in dieser Hinsicht sehr beeindruckend: endlose Detailskizzen der Physiologie und Anatomie, von Haltungen und Gebärden, allesamt auf Grund exakter Wahrnehmung. Wir können auch an Foucault denken, der fasziniert die Schaukelbewegung der Kerzenleuchter in der Kirche beobachtet, während sich die Gemeinde in religiöser Hingabe befindet. Oder Kopernikus, der mit derselben Hingabe die tatsächliche Sternenbewegung beobachtet. Das traditionelle Geistesleben, die Kirche, leistet Widerstand. Aber Scheiterhaufen, Kirchenbann und Exkommunikation helfen nicht. Das neue Bewusstsein setzt sich durch. Doch dann kommt der Angriff von der anderen Seite. Bacon stellt die strenge Forderung auf, dass die ›objektive' Wissenschaft auf ›harten', das sind messbare, wägbare und zählbare Tatsachen, beruhen muss. Das ist keine Wahrnehmung, das ist das Registrieren einer reduzierten Wirklichkeit. Für immer subtileres Messen, Wiegen und Zählen, für das die menschlichen Fähigkeiten lange nicht mehr ausreichen, wird ein Instrumentarium entwickelt. Die Art dieses Instrumentariums bestimmt von vornherein, was registriert werden kann. Schon in den 30er Jahren des 20. Jahrhunderts sagte der berühmte Physiker Heisenberg: »Der moderne Naturwissenschaftler nimmt nur noch sein eigenes Instrumentarium wahr.« Was er registriert, spiegelt nur seine eigene Hypothese. Zu Beginn der Renaissance schien es, als ob die Entwicklung zu einer neuen Wahrnehmungsqualität als Tor zu einer neuen Spiritualität durchstoßen könnte (wir kommen später noch darauf zurück), aber die Entwicklung wurde abgewendet, umgebogen, so dass alsbald wieder das abstrakte, intellektuelle Denken ›auf dem Thron saß‹. Von Wahrnehmen keine Rede!

Dafür legte Descartes kurz nach Bacon auch die philosophische Basis. Er sagte: Im Erkenntnisprozess müssen Subjekt und Objekt sorgfältig voneinander geschieden werden. Das ist genau das, was Bacon meinte.[44]

Wie tief diese Wissenschaftsauffassung auch in unserer Zeit noch gültig ist, erfuhr ich in den 70ger Jahren in Wageningen. Ich kam an einem Institut der Universität vorbei, an dessen Tür ein Schild besagte, es sei das »Institut für vergleichende Tierethologie«. Das erschien mir interessant. Ich ging hinein und sah ein paar Studenten vor einem großen Bildschirm sitzen auf dem Lichter an und aus gingen und Glöckchen ertönten. Auf Grund dessen machten sie Eintragungen in komplizierte vorgedruckte Diagramme. Ich fragte sie: »Was tut ihr hier?« Sie antworteten: »Wir nehmen das Verhalten von Fischen wahr.« Meine folgende Frage lautete: »Wo sind die Fische denn?« Sie sagten: »Da hinter dem Bildschirm.« Und da schwammen in einem riesigen Aquarium allerlei Fische mit Elektroden am Schwanz. Das nennt sich dann Wahrnehmen!

Als im Laufe der ersten Hälfte des 20. Jahrhunderts entdeckt wurde, dass in jedem Erkenntnisprozess das Subjekt eine nicht auszuwechselnde Rolle spielt, ist das ein zaghafter Versuch zur Integration von Subjekt und Objekt und zur Wiederbelebung der Wahrnehmung. In diesem Moment erfolgt der Angriff von der anderen Seite: Die Technik hat Mittel entwickelt, die es möglich machen, in kurzer Zeit eine unerschöpfliche Flut von Bildern über die Menschen zu ergießen: im Kino, durch das Fernsehen, bei Showveranstaltungen. Es

44. Wir lassen hier die Bedeutung außer Betracht, die diese Scheidung zwischen Subjekt und Objekt für die Entwicklung des Ich-Bewusstseins hatte. Dieses entwickelt sich gerade dadurch, dass es sich außerhalb der Dinge und ihnen gegenüberstehend erlebt.

entsteht die Sucht nach visueller Unterhaltung. Dabei spielt es überhaupt keine Rolle, was man zu sehen bekommt, es geht nur um das, was man selbst dabei erlebt: Sex, Spannung, Spaß. Wiederum werden Subjekt und Objekt im Wahrnehmungsprozess auseinander gezogen, aber nun wird nicht – wie bei Bacon und Descartes – das Subjekt aus dem Spiel gelassen, sondern das Objekt.

Wer sich in Kapitel III unter den zwei Aspekten des Bösen, die in der Geisteswissenschaft Luzifer und Ahriman genannt werden, etwas vorstellen konnte, wird ohne Schwierigkeiten in den beiden Angriffen auf die Wahrnehmung diese beiden Wesen wiedererkennen. Ahriman will das Subjekt aus dem Spiel lassen, für Luzifer ist das Objekt nicht wichtig.

Und so liegt die Wahrnehmung als Fähigkeit von unschätzbarem Wert noch auf dem Boden der Schatzkiste. Sie ist einer der wichtigsten Steine, der von der Last befreit werden muss, die auf ihm ruht. Wir kommen noch ausführlich darauf zurück.

Über die Umpolung und die neue soziale Ordnung

Wir haben mit dem Titel »Das Unterste zuoberst« das Tor für Missverständnisse sperrangelweit geöffnet. Es könnte der Eindruck entstehen, dass wir eine Entwicklung für wünschenswert halten, bei der alle ›underdogs‹ zu furchteinflößenden ›Bluthunden‹ werden, bei der die Unterdrückten zu Unterdrückern werden. Wenn auf diese Art und Weise das Unterste nach oben käme, würde das nur zu einer Diktatur der Frau anstelle des Mannes, der Arbeit (des Proletariats) anstelle des Kapitals, der organisierten Konsumenten anstelle der bösen Produzenten führen, um nur einige Möglichkeiten zu nennen, wie es nicht gemeint ist. Es würde sich dadurch nicht viel verändern. Veraltete Hierarchien und in ihrem Sog allerlei Formen der Diskriminierung würden aufrecht erhalten. ›Das Unterste zuoberst‹ ist vor allem eine Bewusstseinsangelegenheit! So wie die verschiedenen Schichten der menschlichen Seele zusammenhängen mit verschiedenen Bewusstseinszuständen: der denkende Kopf-Pol wachbewusst, die fühlende Mitte halbbewusst träumend, der handelnde Willens-Pol schlafend unbewusst, so ist es auch im Sozialen: Die ›Oberschicht‹ verfügt am meisten über die formgebende, organisierende Kraft des rationalen Denkens, die Unterschicht schläft in vielerlei Hinsicht noch. Mit dem Ausdruck ›Das Unterste zuoberst‹ meinen wir, dass diese Unterschicht in das Licht des Bewusstseins hinaufgehoben wird, dass die gesellschaftliche Aufmerksamkeit ihre Priorität ›nach unten‹ verlagert. Was dadurch möglich wird, wollen wir versuchen durch einen weiteren Durchgang durch die Entwicklungsstadien des hierarchischen Denkens und Handelns, mit der Korrumpierung der aufkommenden Freiheit in ihrem Kielwasser, deutlich zu machen.

Immer wenn die geistigen Quellen der ursprünglichen Hierarchie spärlicher fließen und damit deren ›natürliche', oder besser, geistige Autorität untergraben wird, tritt sie in einem neuen Gewand auf, in der Hoffnung, ihre alte Position wieder zu erobern.

Die ursprüngliche Hierarchie erscheint später in allerlei Formen, von der inzwischen überlebten Theokratie unter der Oberherrschaft der Kirche bis hin zu den weltlichen Theokratien, wie sie in der Sowjetunion als Ideokratie (Herrschaft einer heiligen Ideologie) in Erscheinung tritt.

Als die Individualisierung fortschreitet, erfolgt der Übergang von der Hierarchie zur Monarchie. Es gibt noch immer ein Machtzentrum, aber es ist nicht mehr auf das Höhere ausgerichtet, sondern auf einen Menschen. Diese beiden Situationen können wir als vertikale Pyramide bzw. als horizontales Rad in ein Bild bringen.

Der Monarch in der Mitte kann natürlich immer noch die althergebrachten Werte repräsentieren. Aber wenn die geistigen Quellen versiegen, wird er immer mehr zum Diktator werden. Viel später, als auf allen Lebensgebieten der Ruf nach Professionalisierung laut wird, erscheint der Monarch im Gewand des Sachverständigen, der seinen unantastbaren ›Profeten-Status‹, der durch sein professionelles Auftreten, bzw. seine heilige ›Berufung‹, die durch seine berufliche Qualifikation entsteht, gebraucht, um sich über andere zu erheben und Macht auszuüben. Die Expertokratie zieht ein.

Der kräftigste Widerstand gegen alles, was nach Hierarchie riecht, erscheint in Form der Demokratisierungsbewegung. In dem Moment, als sich dieser Impuls in irdischen Formen institutionalisiert, ergreift das Hierarchiewesen wieder seine Chance und schafft einerseits eine Partei-Hierarchie, ja selbst eine hierarchische Ordnung innerhalb der Mitbestimmungsbewegungen, andererseits eine mächtige Bürokratie, die sich gleichwohl nicht selbst heilig spricht, sondern als kalte Technokratie Macht ausübt.

Als sich auch dagegen Widerstand regt (NGOs, Civil Society), beginnt die alte Ordnung erst wirklich auseinander zu fallen (soziale Entropie) und es entsteht Chaos, mit anderen Worten Anarchie. Wir müssen dieses Wort hier im buchstäblichen Sinne verstehen: an-archie bedeutet tatsächlich, dass es kein Herrschaftszentrum mehr gibt. Bei den Hierarchien ist das die Spitze der Pyramide und der Geist, der an dieser Stelle einströmt. Bei der Monarchie ist es der Mittelpunkt des Rades: ein Mensch mit seinen persönlichen Fähigkeiten. Bei der Anarchie fehlt jedes leitende, herrschende Zentrum. Das adäquate Bild für diese Non-Struktur ist ein Netzwerk. Es hat keine Grenzen, ist offen und beweglich. Der hier beschriebene Weg kann auch mit den Worten überpersönlich, persönlich und unpersönlich, oder besser, situativ charakterisiert werden. Wenn auch diese Anarchie Macht ausüben will, schlägt sie um in Terrorismus, und in diesem Sinne wird das Wort leider meistens gebraucht.

Diese Entwicklungsschritte wollen wir in einer Übersicht zusammenfassen:

Hierarchie ?

Monarchie ?

Demokratie ?

Anarchie

ENTARTUNG

Theokratie
Ideokratie

Diktatur
Expertokratie

Partei- und Mitbestimmungs-
Hierarchie
Bürokratie

Terrorismus

Was kann aus dem Chaos erwachsen? Totale Selbstzerstörung der Gesellschaft oder die Keime einer neuen Gesellschaftsordnung? Das letztere wird vollständig von der persönlichen Initiative abhängen, die sich das Heraufheben der untersten Steine – in dem Sinn, wie wir es oben beschrieben haben – zur Aufgabe macht. Wir haben die ›neue Ordnung‹, die daraus erwachsen kann, im Schema vorläufig mit Fragezeichen angedeutet, die wir später ersetzen werden. Dass diese neue Ordnung keine hierarchischen Machtstrukturen, und damit keine Diskriminierung, kennen wird, haben wir bereits ausgeführt, als wir das horizontale sozial-ökologische Bild der sozialen Dreigliederung skizziert haben.

Dass Hierarchie im traditionellen Sinn für unsere heutige Entwicklungsphase nicht mehr relevant ist, kann auch aus dem Gesamtbild der Evolution begreiflich werden, das wir in Kapitel III skizziert haben. Wir haben dort beschrieben, wie sich die geistigen Hierarchien für die Idee zur Schaffung einer neuen Hierarchie begeisterten, die in ihrer Mitte die Idee von Freiheit und Liebe repräsentieren kann. Wie wir bereits sagten: die erste Hälfte der Evolution, die im Zeichen dieses Planes stand, ist der Schaffung der Voraussetzungen für solche Wesen gewidmet. Dieser Prozess ist ein straff hierarchisch geführtes Geschehen. Heute würden wir sagen: autoritäre Führung, mit deutlichem Top-down-Charakter. Daher stammt die Dominanz der Hierarchie in diesen Zeiten. In dieser Periode fließt die Schöpferweisheit aus, und diese ist in sich selbst hierarchisch geordnet. Das Höhere umspannt das Niedrigere. Das können wir noch an der Begriffshierarchie erleben, die das Kennzeichen des intellektuellen Denkens ist, eines leisen Nachklangs dieser Weisheit.

Jetzt, da die Voraussetzungen für die Freiheit geschaffen sind, muss die Freiheit geübt und getan werden, und das ist eine Frage von freien Initiativen und individuellem liebevollem Handeln. Dabei ist jede Hierarchie fehl am Platz. Es werden höchstens in einem horizontalen Netzwerk zeitweise kleine Pyramiden und Räder entstehen, wenn Menschen freiwillig einen Leiter suchen oder sich freiwillig auf jemanden hin orientieren. Ich denke dabei an den klassischen Ausspruch von Gordon Alport »an image acts as a field«.[45] Ein Leitbild schafft Ordnung im Handeln der Menschen, so wie ein Magnet in einem chaotischen Feld von Eisenfeilspänen eine Struktur erzeugt.

45. Vgl. Owen, H.: Tales of open Space

Ich erweitere diesen Satz von Alport folgendermaßen: »An image acts as a vertical field and an initiative acts as a horizontal field.« Menschen werden sich in Freiheit unter ein bestimmtes Leitbild stellen, Menschen werden sich in Freiheit auf eine Person ausrichten, die eine Initiative in die Richtung entfaltet, die sie als sinnvoll erleben. Mit dem Wegfall der traditionellen Hierarchie bekommt die neue Ordnung prinzipiell einen dialogischen Charakter. Das ist auch ein Ausdruck ihrer erwähnten Horizontalität. Mit der Horizontalität bekommt das Gleichheitsprinzip eine zentrale Position. Im nächsten Abschnitt, in dem es um Beispiele für die Umpolung geht, werden wir darauf zurückkommen. Wenn wir uns in diese Beispiele einleben, wird sich zeigen, dass das Ausbrechen von Steinen aus dem Fundament der alten hierarchischen Gesellschaftsordnung den hierarchischen Strukturen sozusagen ihre Standbeine raubt.

Beispiele für Umpolungen

Umpolung im Geistesleben

Das Mandatsystem als Bottom-up-Hierarchie

Es fällt uns schwer, Hierarchie anders zu denken als top-down. Das ist auch verständlich, denn Hierarchie hat ihren Ursprung darin, dass Eingeweihte ihre Inspirationen ›von oben‹ empfangen und ›nach unten‹ weiterleiten. Wir haben beschrieben, wie diese Inspirationsquellen im Laufe der Geschichte versiegten und die Hierarchie damit ihre Legitimierung verlor. Gegen die Macht, die an ihre Stelle trat, regte sich immer mehr Widerstand. Dieser Widerstand kulminierte in den 60er Jahren in einer Demokratisierungswelle, die sich auf allen gesellschaftlichen Gebieten gegen jegliches elitäre Verhalten, gegen alles, was nach Establishment roch und gegen jede Machtausübung widersetzte. Das Prinzip der Gleichheit und Gleichberechtigung wurde mit heiligem Elan und Fanatismus ausgetragen. Wer Initiative entfaltete, erhob sich damit über die anderen und wurde zurückgepfiffen. Das Horizontale war Trumpf, weg mit dem Vertikalen. Die Daseinsberechtigung für die Hierarchie schien definitiv auf dem Scheiterhaufen gelandet zu sein.

Im NPI-Institut für Organisationsentwicklung haben wir in diesen Jahren die Dramatik von Gruppen erlebt, die gewissermaßen zähneknirschend einsehen mussten, dass das soziale Leben ohne Hierarchie nicht funktioniert. Tröstlicherweise war die Genese und die Funktionsweise dieser neuen Hierarchie eine vollkommen andere als die traditionelle.

Und das sah so aus: Die Demokratisierungswelle hatte ihre wichtigsten Repräsentanten in sozialen Institutionen, wie z.B. soziale Akademien, Nachbarschafts- und Suchthilfeeinrichtungen sowie soziale Dienstleistungsunternehmen. In solchen Einrichtungen galt der Grundsatz: Wir sind alle gleich, jedenfalls haben wir alle die gleichen Rechte, also darf jeder über alles mitreden, und wir fassen nur dann Beschlüsse, wenn sich alle einig sind. Minderheiten wurden nicht überrannt. Die Folgen wurden rasch sichtbar: Endlose, chaotische Versammlungen, bei denen nichts herauskam. Erschöpfungssituationen, die alle Energie für die eigentliche Aufgabe aufsogen. Und eine abnehmende Motivation, da man sich in seinem persönlichen Einsatz und seiner Kreativität gelähmt fühlte. Es entstand eine Hypertrophie des Rechtslebens (Demokratur), und eine Atrophie des Geisteslebens, in dem es immerhin um den Einsatz und die Entwicklung von Fähigkeiten geht. Das Interessante war, dass schließlich aus dem Bereich des Wirtschaftslebens der Impuls kam, bei uns, dem NPI, nach Hilfe zu fragen. Wir kommen noch ausführlich auf die

Tatsache zurück, dass gerade aus der Schicht, die immer die unterste der Gesellschaftsordnung gewesen ist, der Impuls zur Erneuerung kam. Wenn wir hier von einem Impuls aus dem Bereich des Wirtschaftslebens sprechen, meinen wir Folgendes damit: im Wirtschaftsleben geht es immer um Dienstleistungen. Man produziert eine Ware oder eine Dienstleistung, für die Bedarf besteht, und das muss sich daran zeigen, dass der andere oder die Gemeinschaft (Subventionsgeber) bereit ist, dafür ein finanzielles Opfer zu bringen.

In den sozialen Einrichtungen, von denen hier die Rede ist, zeigte sich nun, dass durch die Zeit und Energie verschlingenden Beratungszustände die eigentliche Aufgabe, nämlich die soziale Dienstleistung, in schwere Bedrängnis kam. Außerdem stellten sich rote Zahlen ein. Damit hatten diese Institute eigentlich ihre Daseinsberechtigung verloren. Sie verbrauchten öffentliche Gelder, dem standen aber keine ausreichenden Leistungen mehr gegenüber.

In dieser Notlage haben einige Institutionen ›den Gang nach Canossa‹ angetreten und sich an uns als Berater gewandt (allein das Wort hatte bei ihnen schon den Geruch von Establishment und Expertokratie). Wir haben ihnen deutlich gemacht, dass Dienstleistung nur dann möglich ist, wenn Fähigkeiten mobilisiert werden. Diese bilden den ›Mehrwert‹, der die Dienstleistung für andere interessant macht. Wenn einsetzbare Fähigkeiten, die im Hause vorhanden sind, unterdrückt oder lahmgelegt werden, weil sich der Betreffende dadurch von den anderen unterscheidet und damit die heilige Gleichheit angetastet wird, versiegt diese Quelle der Produktivität. Wir haben ihnen einen Weg aus dieser Sackgasse gezeigt.

Er bestand aus folgenden Schritten:

1. Erstellt eine Übersicht aller Funktionen, die für eine gut Dienstleistung erfüllt sein müssen. In den Begriffen der klassischen Organisationslehre geht es dabei um Einkauf, Produktion, Verkauf, Verwaltung, Finanzen,

Personalverwaltung, Public Relations, Produktentwicklung usw. Für Entwicklungsarbeit und im Dienstleistungsbereich bekommen diese Funktionen einen etwas anderen Inhalt.

2. Bittet Menschen aus eurer Gruppe oder lasst sie sich melden, die in der Lage und bereit sind, für das Ausüben einer dieser Funktionen für einen begrenzten Zeitraum die Verantwortung zu übernehm
3. Wenn die Gruppe diesem Mandatträger ihr Vertrauen ausgesprochen hat, kann derjenige sich als solcher ans Werk machen.

Es ist von essentieller Bedeutung, sich klarzumachen, dass es sich hier nicht um eine Delegation nach unten (top-down), sondern um eine Mandatierung nach oben (bottom-up) handelt. Die Gruppe hat damit in aller Freiheit eine Hierarchie geschaffen. Eine ›Erkenntnis-Hierarchie‹, da sie in jemandem die Fähigkeit erkennt, der Gruppe einen Dienst zu erweisen. Ein wesentlicher Punkt dabei ist, dass die Gruppe – noch immer in aller Freiheit und aus Einsicht – ein Stück ihrer Freiheit an den Mandatsträger abgegeben hat. Der Mandatträger ist nicht Ausführender von Anweisungen, die er bekommen hat, sondern autonomer Träger einer funktionellen Verantwortlichkeit – wie gesagt für eine begrenzte Zeit. Diese Verantwortlichkeit bedeutet, dass er Entschlüsse fassen und Nägel mit Köpfen machen darf.

Einzelne Mitarbeiter werden die Folgen davon erleben, und nicht immer werden sie mit den Entscheidungen des Mandatsträgers einverstanden sein. Die effektivste Art ein Mandatsystem abzuwürgen ist es, den Mandatträger vor der vollen Gruppe – die ihm das Vertrauen ausgesprochen hatte – zur Verantwortung zu ziehen, seinen Beschluss zur Diskussion zu stellen und genau so lange zu diskutieren, bis sich alle wieder einig sind. Dann können wir von vorne anfangen. Wer aus Einsicht und in aller Freiheit einem Mandatträger die Verantwortung für eine bestimmte Funktion für eine begrenzte

Zeit übertragen hat, verbindet sein Schicksal mit den Taten des anderen. Das auszuhalten ist eine praktische Karmaübung.

Nun gibt es in den genannten drei Schritten einen wesentlichen Punkt, der weiterer Erläuterungen bedarf. Bei Schritt 3 steht einfach: » ... wenn die Gruppe diesem Mandatträger ihr Vertrauen ausgesprochen hat«. Aber was sind die Voraussetzungen dafür, und wie werden sie geschaffen? Ich möchte darauf genauer eingehen und schöpfe dabei aus der jahrelangen Erfahrung mit dem Mandatsystem, das wir im NPI intern entwickelt haben, als unser Direktor, Professor Lievegoed, sich einer neuen Initiative widmete und das Institut auf Selbstverwaltung angewiesen war.

– Der Mandatträger sollte ausführlich darstellen, welchen Inhalt er seinem Verantwortungsbereich geben will und die Mitglieder der das Mandat vergebenden Gruppe (das waren in unserem Fall alle 20 Senior-Mitarbeiter) sollten ebenfalls ihre Erwartungen mitteilen. Welche Probleme soll er lösen? Welche Beschlüsse fassen? Einige hypothetische Fälle als Beispiele können die Dinge konkreter machen. Auf diese Weise kann abgetastet werden, ob die Mandatgeber und der Mandatträger ungefähr auf einer Linie sind.

– Ebenfalls sollte von den beiden Seiten beschrieben werden, welche Bedingungen von beiden Seiten zum Ausüben des Mandates erfüllt sein müssen und zwar in Hinsicht auf die zur Verfügung stehende Zeit, die Unterstützung durch das Sekretariat und andere Mitarbeiter, das verfügbare Budget und den Zugang zu bestimmten Informationen bzw. den Umgang damit. Wenn über diese Dinge keine Klarheit herrscht, kommen viele Mandatträger binnen kürzester Zeit in Schwierigkeiten, weil u.a. die materiellen, finanziellen und organisatorischen Voraussetzungen für ihre Arbeit nicht erfüllt sind.

– Ein letzter Punkt betrifft die Fähigkeiten und die fachliche Qualifikation des Mandatträgers. Man könnte sie zu den bereits genannten Punkten zählen, sie haben aber einen so persönlichen Akzent, dass es sich empfiehlt, einen gesonderten Tagesordnungspunkt dafür einzurichten. Welche inhaltliche Qualifikation verlangt die Funktion? Welche sozialen Fähigkeiten und welche praktischen Erfahrungen? Verfügt der Mandatträger darüber oder haben wir das Vertrauen, dass er sie unterwegs entwickelt? Oder erhält er die Möglichkeit zur Weiterbildung?

Für das Führen solcher Gespräche gibt es keine Rezepte. Aber wenn mit einer gewissen Sorgfalt auf diese drei Punkte geachtet wird, kann eine realistische Vertrauensbasis geschaffen werden.

Wie gesagt bezieht sich das Mandat auf eine bestimmte Funktion und eine begrenzte Zeit (z.B. 1 bis 3 Jahre). Während dieser Zeit ist im Prinzip, d.h. mit Ausnahme von Notsituationen, keine Intervention möglich. Obwohl ein vernünftiger Mandatträger natürlich mit den Menschen im Gespräch bleibt, die die Folgen seiner Taten tragen müssen. Und wie wesentliche Entscheidungen sich auswirken werden, wird er vorher in der gesamten Gruppe abtasten, nicht um die Entscheidungsgewalt an das Plenum zurück zu geben, sondern um einen realistischen Beschluss zu fassen. Nach Ablauf der Mandatszeit findet eine Evaluierung als Lernprozess sowohl für die mandatvergebende Gruppe, als auch für den Mandatträger statt. Also nicht, um endlich einmal Dampf abzulassen und einen Schuldigen zu suchen. Das Mandatsystem als solches ist neu und braucht in hohem Maße eine lernende Organisation. Nach der Evaluierung kann das Mandat verlängert oder ein neuer Mandatträger eingesetzt werden. Und natürlich können auf Grund der Evaluierung sowohl der Inhalt des Mandates, als auch die Bedingungen neu formuliert werden. Das kann man auch schriftlich tun, obwohl dort der Bürokrat auf der Lauer liegt.

Und doch ist damit das Allerwesentlichste noch nicht gesagt. Oben wurde behauptet: der Mandatträger ist nicht dazu da, um Befehle von oben auszuführen, sondern um der Basis einen Dienst zu erweisen. Und mit Basis ist hier gemeint: diejenige Gruppe, die die Hauptaufgabe der Institution ausführt. Diese Hauptaufgabe hat mit der Identität eines Unternehmens zu tun, mit ihrer Daseinsberechtigung als pädagogische Einrichtung, als Institut des Gesundheitswesens, als Transportunternehmen, als Produktionsbetrieb, als Vermittler oder Makler usw. Zwecks dieser Identität ist der Mandatträger da, aber die Identität ist keine Offenbarung von oben (im Sinne der alten Hierarchie), sondern ein Auftrag, eine Mission, die eine Organisation sich selbst gegeben hat. Wir haben in unserem Institut schon von den aller ersten Anfängen in den 50er Jahren an interne Gespräche zu den Fragen geführt: Wer sind wir? Was wollen wir? Auf welche Fragen wollen wir Antworten geben? Was ist unser Hauptgeschäft? Welche Werte wollen wir bewahren? Wie sieht unsere Ethik aus? Gegenwärtig gibt es viele Unternehmen, die versuchen, ein ›mission-statement‹ zu formulieren, um ihre Identität heraus zu arbeiten.

Für ein Mandatsystem ist es von allergrößter Wichtigkeit, dass in einer Organisation regelmäßig solche Gespräche stattfinden. Mandatträger – die auch Teil der gesamten Mitarbeitergruppe sind, darin sind alle gleich – sitzen vor allem deshalb mit weit offenen Ohren dabei, weil sie dort hören können, welchen Zielen ihre im Rahmen des Mandats gefassten Entschlüsse letztendlich dienen müssen.

Die gesamte Beschreibung des Mandatsystems erfolgte im Rahmen der Umpolung, der Umwälzung der Hierarchie von unten nach oben. Dabei sind wir mehrere Male dem Wort Vertrauen begegnet. Es spielt eine existenzielle Rolle beim Schaffen der neuen Hierarchie von unten nach oben. Vertrauen kann man nur schenken.[46]

So wie in den archaischen Theokratien ein Strom von Opfergaben als Dank für die Offenbarungen und die Führung durch das Höhere nach oben stieg, so steigt in den neuen Hierarchien ein Strom von

46. Mein Buch ›Vertrauen und Schenken‹ kann aus der Perspektive der neuen Bottom-up-Hierarchie unerwartete neue Gesichtspunkte liefern.

Vertrauen, ebenfalls von unten nach oben, aber jetzt zu den selbstgewählten Mandatträgern und der selbstgewählten Unternehmensmission. Mit diesen letzten beiden Worten können wir zwei von den drei Fragezeichen ersetzen, die in dem Schema »Entwicklungsschritte« noch auf eine Antwort warten.

Das erste Fragezeichen steht in der aufsteigenden Linie auf der Höhe der Demokratie in der absteigenden Linie. Es geht hier um eine ganz andere Gleichheit, als die der gleichen Rechte (one man one vote). Es geht hier vielmehr um eine Gleichheit, die als Schicksalsverbundenheit dadurch entsteht, dass man sich gemeinsam, in wechselseitiger Abhängigkeit, für eine gemeinschaftliche Aufgabe einsetzt. Die Worte ›Kollektiv‹ und ›Genossen‹ sind zu sehr belastet, sonst hätten wir sie hier gebraucht.

Dann steht das zweite Fragezeichen rechts auf der Höhe des Wortes ›Monarchie‹ links. Hier geht es um den Mandatträger. Er ist sozusagen von unten her nach vorn – oder besser gesagt nach oben – geschoben worden, weder um als Monarch zu herrschen, noch um als Sachverständiger Expertokratie zu betreiben, sondern um seinen Sachverstand[47] in den Dienst von etwas Höherem zu stellen.

Auf dieses Höhere bezieht sich das dritte Fragezeichen. Hier geht es nicht um die Heiligkeit des geoffenbarten Geistes, sondern um die Erhabenheit und Heiligkeit der selbstgewählten Mission. Zu allem Überfluss sei gesagt, dass der Vertrauens- bzw. Entscheidungsspielraum, der dem Mandatträger eingeräumt wird, auch ein Entwicklungsraum ist. Im Prinzip ist es ein Übungsfeld, um Macht und Moralität miteinander zu verbinden, um selbstlos und dienend Macht auszuüben. Insofern ist die neue Hierarchie, die hier entsteht, auch Ausdruck eines neuen Geisteslebens, bei dem es immer um die Entwicklung des Einzelnen im Dienste der Gemeinschaft geht.

Wenn wir uns das gesamte Prozessbild weiter unten anschauen, sehen wir, wie dasjenige, was auf der Weisheitslinie absteigt über Hie-

47. Das Wort Profession hat denselben Stamm wie das Wort Prophet. Wie der Prophet verkündet (das Verb ›profiteor‹ heißt öffentlich erklären), was er von oben empfangen hat. So ist ein professionell Handelnder den Gesetzmäßigkeiten seines Fachgebietes verpflichtet, die ebenfalls eine überpersönliche Orientierung haben.

rarchie, Monarchie und Demo-archie (um das Wort ›archie‹ fortzusetzen), auf der anderen Seite – sei es etwas weniger abgestuft – auf der Willenslinie wieder aufsteigt.[48] Die Verbundenheit in einer Ar-

48. Diese kurze Formulierung – Absteigen auf der Weisheitslinie und wieder Aufsteigen auf der Willenslinie – enthält in äußerster Verdichtung die Essenz des Evolutionsprozesses. Rudolf Steiner spricht darüber, wie sich mit der ›Zeitenwende‹, der Geburt Christi auf Erden, die alten Weisheitsmysterien in Willensmysterien verwandeln werden (siehe auch mein Buch über Vertrauen), dass durch diesen Angelpunkt hindurch ein Kosmos von Weisheit zu einem Kosmos von Liebe umgeformt werden wird. Daher kommt es, dass selbstlose Dienst-Leistung – Thema dieses Buches – in diesem Prozess eine so vitale Rolle spielt. Mit unserem Titel »Das Unterste zuoberst« wollten wir diesen Umpolungsprozess andeuten. Ein beeindruckendes Bild dieses Transformationsgeschehens erscheint in der Geschichte der Menschheit, lange bevor die ›Zeitenwende‹ sich vollzieht. Es ist wie die Dämmerung vor einem Sonnenaufgang. Wir zielen hier auf die sogenannte Tempellegende ab. Diese Legende beschreibt ein historisches Geschehen in einer Bildersprache, die es ermöglicht hat, dass sie Jahrhunderte lang zum esoterischen Gut von Rosenkreuzern, Freimaurern und Templern gehörte. Die Legende beschreibt den Bau des salomonischen Tempels. Dieser Tempel soll so sein, dass alle Weisheit über den Menschen darin zum Ausdruck kommt. Salomo kann mit seiner umfassenden Weisheit diesen Tempel entwerfen, aber er kann ihn nicht bauen. Dafür braucht er einen Baumeister, der in den irdischen Gesetzmäßigkeiten, den irdischen Substanzen und den irdischen Bauweisen zu Hause ist. Hieram, der Baumeister, kann den Tempel bauen. Die Dramatik, die sich während des Baus abspielt, wollen wir hier nicht berühren. Uns geht es um den Teil der Legende, in der die Königin von Saba Salomo besucht. Die Königin von Saba ist eine historische Figur und gleichzeitig die überirdische Repräsentantin der kosmischen Weisheit. Sie hat von Salomos Weisheit gehört und besucht ihn. Sie ist so stark von seiner Weisheit beeindruckt, dass sie sich mit ihm verlobt. Aber dann trifft sie Hieram, den Baumeister. Ihr wird die Notwendigkeit bewusst, alle Weisheit in einen liebevollen Bauimpuls am Tempel der Menschheit umzuwandeln. Im Schlaf zieht sie den Verlobungsring von Salomos Finger und steckt ihn auf den von Hieram. Kurz darauf zieht sie zurück in ihr Heimatland. Die Legende erzählt in einfacher Bildersprache die fundamentale Umpolung, die in der Menschheitsentwicklung im Gange ist. Rudolf Steiner hat mit großem Nachdruck auf die Bedeutung hingewiesen, die diese Tempellegende für unsere Zeit hat. Siehe Rudolf Steiner, »Die Tempellegende und die Goldene Legende« GA 93.

beitsgruppe, die Benennung eines Mandatträgers, der im Dienste dieser Gruppe handelt und die Formulierung einer Mission sind Ausdruck des gemeinsamen Willens.

Hierarchie	Mission Statement
Monarchie	Mandatträger
Demo-archie	Arbeitsgruppe
Anarchie	

Ich will noch sagen, dass mir völlig klar ist, dass der hier als ›Weg nach oben‹ beschriebene Prozess aus der Praxis kleiner Organisationen stammt, die obendrein noch eine bestimmte ideelle Zielrichtung haben. Damit ist die Übertragung auf größere und mehr kommerziell ausgerichtete Organisationen noch nicht direkt gegeben. Doch ich bin davon überzeugt, dass in dem hier beschriebenen Keime liegen, die sich auch in größeren Einheiten als fruchtbringend erweisen können.

Als Abschluss dieses Abschnitts will ich noch zwei Beispiele anführen, bei denen eine neue Hierarchie entsteht, nicht indem sie gemeinsam aufgebaut wird, sondern weil sie Gelegenheit bekommt zu erscheinen, indem sorgfältig darauf geachtet wird, alte Hierarchien zu vermeiden. In den Beispielen geht es weniger um die neue Hierarchie als Bottom-up-Struktur, sondern mehr um den Raum für ein wirklich neues, kreatives und freies Geistesleben.

Die Open Space-Methode

Beim ersten Beispiel handelt es sich um den sogenannten ›Open Space‹. Diese Methode wurde in den 80er Jahren durch Harrison Owen[49] ausprobiert. Das gelang von Anfang an so gut, dass schon

49. Vgl. Owen, H.: Tales of open Space

bald in der ganzen Welt Open Spaces für große Betriebe und politische Gruppierungen organisiert wurden. Owen ist nicht ihr Erfinder. Er hat Methoden aktualisiert und in eine entsprechende Form gebracht, die schon seit Jahrhunderten in sogenannten ›primitiven Kulturen‹ praktiziert werden: mit der gesamten Dorfgemeinschaft oder allen Einwohnern eines Gebietes in einem großen Kreis sitzen, um zusammen Probleme zu lösen. Open Space bietet den Teilnehmern eine Struktur an, die gleichzeitig und in hohem Maße begrenzt und Freiheit schenkt. Open Space vermeidet sowohl Grenzenlosigkeit, als auch eine zu starke Begrenzung. Beide beschränken die Freiheit, um kreativ arbeiten und lernen zu können.

Die alten Hierarchien werden vor allem darum außer Acht gelassen, um zu viel Begrenzung zu vermeiden. Ich habe oben ausgeführt, dass eine der Erscheinungsformen von Hierarchie die Dominanz der Ratio über die Erfahrung ist. Das intellektuelle Denken hat eine enorme Formkraft: es schafft Strukturen, schreibt Prozeduren vor und legt Normen fest. Aus Angst vor dem unbeherrschbaren Chaos schafft sie eine dreifache Kanalisierung, in der das lebendige Wasser (die Kreativität des Geistes) nicht mehr strömen kann. Der Open Space kennt nur einen Facilitator, der dafür sorgt, dass die Grenzen respektiert werden, der aber vor allem darüber wacht, dass der Raum offen bleibt und nicht durch wohlmeinende Organisatoren und Professionals verbaut wird. Für einen Teilnehmer beginnt ein Open Space, wenn er eine Einladung mit folgenden Punkten bekommt:

1. Ein zentrales Thema – das kann sowohl ein inhaltliches Thema im Sinne eines Lernprozesses, als auch ein aktueller komplizierter Konflikt sein, für den eine annehmbare Lösung für alle Betroffenen gesucht wird
2. Die Frage, ob er sich von diesem Thema betroffen fühlt und bereit ist, mit anderen in einem offenen Workshop daran zu arbeiten

3. Ein Datum und ein Ort
4. Die Bitte, schnell zu antworten

Die äußere Struktur, die vier Prinzipien und das Gesetz der zwei Füße bilden die anderen Begrenzungen des Geschehens. Die vier Elemente der äußeren Struktur sind:

1. Der Kreis. Es muss einen Raum geben, in dem die Teilnehmer im Kreis sitzen können, zur Not in zwei Reihen. Wenn es mehr als hundert Teilnehmer werden, sind z.B. auch eine leerstehende Fabrikhalle oder ein Zirkuszelt geeignet.
2. Die atmende Bewegung im Raum. Dafür sind viele kleinere Räume nötig, in denen Untergruppen für kürzere Zeit zusammen kommen können.
3. Eine große leere Wand, an der jeder seine Frage, seinen Vorschlag, seine Lösung auf einem A3-Blatt aufhängen kann, nachdem er sie in der Mitte des Kreises präsentiert hat.
4. Ein Marktplatz, am besten vor der leeren Wand, auf dem über die Teilnahme, Dauer, Priorität und Ort von allerlei zu bildenden Arbeitsgruppen verhandelt werden kann.

Diese Struktur schafft maximales Engagement aller Teilnehmer und Freiheit. Sie erfordert ein großes Maß an Vertrauen, dass aus dem anfänglichen Chaos eine sinnvolle und produktive Arbeitsstruktur entstehen kann. Dass dieses Vertrauen selten enttäuscht wird, kann man in Berichten von Teilnehmern nachlesen. Aus ihnen spricht immer wieder die Verwunderung, dass es möglich ist, in so kurzer Zeit mit so vielen Menschen zu einer Arbeitsorganisation zu kommen, die auch noch kreativ ist: sie vermittelt Konsens zwischen den unterschiedlichsten Auffassungen und löst Konflikte in Strukturen, deren Auflösung durch die Anzahl der Gruppen mit entgegengesetzten Interessen aussichtslos erschien.

Was die vier Prinzipien der inneren Struktur betrifft, kann man die Open Space-Methode als ein Modellbeispiel für den oben genannten neuen Realismus bezeichnen. Die vier Prinzipien sind:

1. Wer kommt, sind die richtigen Personen
2. Was geschieht, ist das Einzige, was geschehen kann
3. Wenn es anfängt, ist der richtige Moment um anzufangen
4. Wenn es getan ist, hört es auf.

Der abstrakte Verstand ist ein Meister darin, anhand bestimmter Kriterien festzustellen, dass nicht die richtigen Menschen anwesend sind, dass die Dinge nach verstandesmäßig festgelegten Mustern anders hätten laufen müssen, dass man zu früh oder zu spät angefangen oder geendet hat. Der neue Realismus des Open Space hat an diesen Abstraktionen kein Interesse. Er schaut auf die Wirklichkeit, den unteren Pol, setzt diese ins Zentrum der Aufmerksamkeit, des oberen Pols, und sagt: so ist es gut. Diese Grundhaltung verstärkt das Engagement, den Respekt vor sich selbst und das Verantwortungsgefühl der Menschen, die zusammen diese Wirklichkeit geschaffen haben, ja diese Wirklichkeit sind.

Schließlich gibt es noch ein Gesetz: das Gesetz der zwei Füße. Das ist die Einladung, den eigenen zwei Füßen zu folgen, wenn man sich in einer Situation nicht gut fühlt, kein Interesse aufbringen kann, nichts lernt oder keinen Beitrag leisten kann. In solchen Fällen ist die Botschaft eindeutig: Folge deinen Füßen zu einem produktiveren Ort.

Auch dieses Gesetz zeugt von Realismus. Harrison Owen sagt: »The law appears to function more descriptively than prescriptively«. Es beschreibt, was die Menschen sowieso tun möchten, aber aus Schuldgefühlen oder allerlei undeutlichen Normen unterlassen. Indem die Tür legitimiert wird, durch die jeder sowieso gern gehen möchte, entsteht ein entspannter Realismus.

Das Unternehmen St. Luke
Das zweite Beispiel ist das englische Reklamebüro »St. Luke Communications«.[50] Der Betrieb praktiziert mit seinen 115 Mitarbeitern eine radikale Demokratie in Bezug auf Eigentumsrechte, Bonusverteilung und Entscheidungsbefugnisse. Aber worum es uns im Kontext dieses Abschnitts geht, ist ihr unwahrscheinlicher Erfolg auf dem Markt. Dessen Ursprung ist ihre unerschöpfliche Kreativität. Woher stammt sie? Warum gibt es bei St. Luke dieses blühende Geistesleben? Das wird durch das Streben – von allen Mitarbeitern – nach einer radikalen Authentizität erreicht. Dazu wird alles verbannt, was das Freilegen dieses ureigensten Kerns des Menschen behindert. Und dazu gehören Traditionen, Gewohnheiten, Normen, die von externen Autoritäten oder aus unklaren Quellen stammen. Der Arbeitsplatz ist nicht festgelegt, die Funktion beweglich. Und zwischen den Mitarbeitern besteht eine Kultur der gegenseitigen Evaluation. Es werden kritische Fragen gestellt und mitleidlos alles angeprangert, was nicht echt ist. Auf der einen Seite ist diese fortdauernde Demaskierung unglaublich bedrohlich, auf der anderen Seite gibt es dem Unternehmen selbst ein Maximum an Sicherheit. Die Frucht dieser Betriebskultur ist verblüffend. Indem bei jedem Mitarbeiter das Eigene bis an die Wurzeln ausgegraben und freigelegt wird, blüht oben ein ungeahnt reiches Geistesleben auf. Ein beeindruckendes Beispiel dafür, wie man das Unterste zuoberst kehren kann. Und in unserer Zeit besonders auch dafür, wie man von unten her eine ganz andersartige Hierarchie bzw. ein total neues Geistesleben schaffen kann. Und in den genannten Beispielen ging das mit der Entwicklung einer anderen Gleichheits-Qualität, einer Nicht-Diskriminierung, einher.

50. Beschrieben in »Ode aan het werk« (Jan/Feb 2001)

Umpolung im Rechtsleben

Im folgenden Abschnitt werden wir diese Themen aus der Sicht des demokratischen Rechtslebens verfolgen.

Basisdemokratie

Die Demokratie steht aus der historischen Perspektive gesehen nach der Hierarchie und der Monarchie. Die Demokratie – das Rechtsprinzip der Gleichheit – hat ihre Wiege in Athen und Sparta[51] und kommt im römischen Reich zur Blüte. Sie wird rasch durch die Monarchie untergepflügt, durch Alleinherrscher, die die alte Hierarchie als persönlichen Titel fortsetzen. Auch die autoritäre Struktur der römisch-katholischen Kirche hat kräftig dazu beigetragen, dass feudale Verhältnisse bestehen blieben. Die Renaissance bedeutet nicht nur für die Kunst eine Wiedergeburt der antiken Werte, sondern auch für die Demokratie. Die Geschichte wiederholt sich: als erstes wird in Venedig eine Stadtrepublik eingerichtet, dann folgt in den Niederlanden die Gründung einer Republik auf nationaler Ebene. Unter Willem von Oranje erheben sich die Niederlande in einem Aufstand gegen das zentralistische und religiös unterdrückende Regime von Karl dem V. und Philip dem II. und erklären mit dem »Plakkaat van Verlatinge« ihre Unabhängigkeit (1581). Die in der Folge entstandene Republik der sieben Provinzen wird oft als die Wiege der modernen westlich-demokratischen Gesellschaftsordnung aufgefasst. Das »Plakkaat« hat Jefferson beim Schreiben der

51. Eine ganz eigene Wiege hat die Demokratie in den germanischen Ländern. Dort gab es die Institution des Thing, in dem alle freien Menschen gemeinsam in einer Volksversammlung Beschlüsse fassten. Die Volksversammlung ist mit den ›Gesprächen unter dem Baum‹ verwandt, die Harrison Owen in afrikanischen Dorfgemeinschaften miterlebte und als Open Space-Methode mit nach Europa nahm. Die Volksversammlung im Norden war eine besondere Form der direkten Demokratie. Aber auch diese wurde im Mittelalter durch die römisch-katholische Kirche und den Feudalismus weitestgehend zurückgedrängt. Ein letzter Rest dieses Bottom-up-Prinzips hielt sich noch in der Zeit der Monarchie. In den germanischen Ländern gab es die Institution der Wahlfürsten, die, auf Grund ihrer persönlichen Eigenschaften, durch das Volk gewählt und auf den Schild gehoben wurden.

amerikanischen »Declaration of Independence« (1776) Modell gestanden. Die Republik war auf föderalistische Weise organisiert, wobei die Städte und Provinzen eine höhere Autorität hatten als die nationale Ebene. Das Staatsoberhaupt hatte wenig Macht. Im ersten Grundgesetz von 1798 wurde explizit das Prinzip der Volkssouveränität anerkannt. Dieses Grundgesetz wurde in einigen Referenden der Bevölkerung zur Abstimmung vorgelegt.

Und doch ist diese Bottom-up-Demokratie rasch der Top-down-Macht der alten Hierarchien unterlegen. Die Franzosen führen den Einheitsstaat und nach der Entartung der französischen Revolution das Königtum ein. Nach der Niederlage der Franzosen proklamiert sich Willem der I., ein Nachkomme des Bruders von Willem von Oranje, zum König. Er fegt das Prinzip der Volkssouveränität vom Tisch. Seither ist die Demokratie wieder vollständig im Griff des hierarchischen Prinzips. Die Niederlande sind strikt nach dem Subsidiaritätsprinzip organisiert. Die nationale Obrigkeit bestimmt, welche Befugnisse an die Provinzen und Gemeinden delegiert werden und wann sie sie wieder zurücknimmt. Die Volksvertretung darf keine Befugnisse aus den Händen geben. In diesem Zusammenhang wird wohl im Scherz gesagt, dass in den Niederlanden die Demokratie gesetzlich verboten ist …

Heute hat sich die Demokratie in hohem Maße als Parteidemokratie konstituiert. Und in den Parteien setzt sich der autoritäre Charakter der Demokratie fort. Die Parteien sind streng hierarchisch organisiert, und das Stimmverhalten derjenigen, die für die Partei in Parlament oder Regierung sitzen, wird meistens durch die Parteiführung diktiert.

Gegen diese Arroganz der Macht wuchs im Laufe des vorigen Jahrhunderts der Widerstand, und zwar nicht nur gegen das autoritäre Verhalten von Politikern, sondern auch gegen dasjenige von Unternehmern und Wissenschaftlern. Der amerikanische Politologe

Deutsch hat die Essenz dieser Arroganz messerscharf charakterisiert mit dem Satz: »Power is the privilege not to have to learn.« Der Mächtige braucht sein Verhalten nicht durch das Feedback der Wirklichkeit korrigieren zu lassen. Extrem ausgedrückt bedeutet das eine Haltung, aus der spricht: »Was kümmert es mich, ob den Menschen nicht gefällt, was ich als Wissenschaftler, Politiker oder Unternehmer untersuche, verordne oder verkaufe. Sie müssen es akzeptieren – denn ich habe die Macht.«

Der Widerstand gegen diese Macht beginnt sich im Laufe der letzten Jahrzehnte weniger zu organisieren, als vielmehr zu manifestieren. Wir haben das als Anarchie bezeichnet, zum Ausdruck kommt es in zahllosen NGO´s, ›One Issue‹-Aktionsgruppen und der Zivilgesellschaft. Die Manifestationen gegen die Globalisierung in Seattle, Prag, Nizza, Göteborg und Genua zeugen davon – auch vom Abgleiten in den Terror.

Im Rahmen dieses Abschnitts interessieren uns vor allem die Erscheinungsformen dieser Bottom-up-Bewegung (Grass Root Movement) im politischen Zusammenhang. Wir wollen uns dabei vor allem das Referendum, Alternativen für die Parteipolitik und die gesellschaftliche Debatte anschauen.

Das Referendum

Nach den Grundgesetz-Referenda von 1798 bleibt es mehr als ein Jahrhundert still an dieser Front. Am Ende des 19. Jahrhunderts war die Einführung einer direkten Gesetzgebung durch das Volk cine wichtige Forderung der Arbeiterbewegung. In den Niederlanden war es eine der ersten Forderungen des Sozialdemokratischen Bundes (Sociaal-Democratische Bond, Programm von 1882) und der sozialdemokratischen Arbeiterpartei (Sociaal-Democratische Arbeiders Partij, Programm von 1895).[52]

52. M. Deutsch, »The resolution of conflict: constructiv and destructiv processes« (New York 1973)

Im Jahre 1903 debattierte die Zweite Kammer auf Initiative von Troelstra (SDAP) zum ersten Mal über das Referendum. Seither ist ein Jahrhundert vergangen. In diesem Jahrhundert ist das Referendum mit der Regelmäßigkeit eines Uhrwerks auf der politischen Agenda erschienen und von Regierungskommissionen untersucht worden. Wir wollen die Geschichte des Referendums nicht ausführlich beschreiben. Wer sich damit beschäftigt, bekommt ein äußerst betrübtes Gefühl. Ob es nun um das indirekte, korrektive oder initiative Referendum geht, um nationale oder lokale Referenda, ob Absprachen bindend sind oder nicht, ob es um die Mindestzahl der Unterschriften oder um Themen geht, die nicht referendabel sind – die ganze Geschichte ist eine große Demonstration des politischen Unwillens. Das Referendum bedroht das Primat des repräsentativen Systems. Es gibt einen fundamentalen und konsistenten Widerstand der politischen Elite gegen das Grundprinzip der Demokratie: die Volkssouveränität. Die Niederlande sind ein aufgeklärtes Land und es gibt überall das Recht auf Meinungsäußerung und Einspruchsmöglichkeiten. Das Fassen von Entschlüssen aber bleibt der politischen Elite vorbehalten. Wer einmal an den Hebeln der Macht sitzt, wird sie nicht dazu benutzen, um eben diese Macht zu reduzieren. Das ist dasselbe wie mit dem Wahlrecht der Frauen in der Schweiz, über das die Männer zu entscheiden hatten. Das ging auch nicht so schnell ... So wie die Frauen letztendlich doch das Wahlrecht bekamen, so hoffe – und erwarte ich, wird auch der Referendumbewegung am Ende der Durchbruch gelingen. Sie ist das politische Pendant zu der lernenden Organisation, die in den Unternehmen bereits viel Anklang findet. Sie müsste viel weniger den Charakter von Kontrolle und Korrektur der hierarchischen Machtstrukturen, als viel mehr den eines neuen Steuerungsmechanismus und Ordnungsprinzips haben. Diese beiden beruhen auf einem neuen Realismus, das Unterste zuoberst: nach den realen Auswirkungen von Entschlüssen schauen und auf Grund davon neue Entschlüsse fassen, durch konkrete Menschen über konkrete Angelegenheiten. Im Gegensatz zu dem Zitat von Deutsch »power ist the privilege not to have to learn« beruht das Referendum auf einem kontinuierlichen Lernprozess. Die Wirklichkeit wird nicht von einem parteiideologischen Überbau, sondern von Menschen gelenkt, die mit beiden Beinen in der Wirklichkeit stehen.

Ein mehr innerer Aspekt des Referendumsystems ist die Entwicklung einer feinen Unterscheidungsfähigkeit für die Frage, bei welchen Themen jedermann in gleichem Maße urteilsfähig ist. Es gibt nämlich zwei Gebiete, auf denen das deutlich nicht der Fall ist. Wenn in diese Gebiete das Prinzip der demokratischen Gleichheit einzieht, kann nur Chaos entstehen. Das eine Gebiet betrifft die Sachkenntnis. Nicht jeder ist in der Lage, über technische und wissenschaftliche Fragen inhaltlich zu urteilen. Das verlangt beachtliche Vorkenntnis und Studium. Im Geistesleben kann man nicht mehrheitlich abstimmen, ob 2 x 2 = 4 oder 5 ist.

Das andere Gebiet hat mit Erfahrung zu tun. Um zu beurteilen, wie ein praktisches Problem am besten angepackt werden kann, ist Erfahrung nötig, muss man in einem bestimmten Lebensgebiet zu Hause sein. Das Gebiet auf dem jeder auf gleiche Weise das Recht und die Möglichkeit zum Urteilen hat, ist dasjenige, auf dem die Gefühle angesprochen sind: Gefühle von Ungerechtigkeit, Diskriminierung, Unsicherheit, Unehrlichkeit, Unachtsamkeit, Unzulässigkeit. Obwohl sich solche Gefühle durch neue Informationen und neue Erfahrungen ändern können, sind sie in erster Linie eine Realität, die ernst genommen werden muss.

Bei der Fragestellung für ein Referendum ist es von großer Wichtigkeit, dass diese sich genau in der Mitte zwischen Sachkenntnis und Erfahrung befindenj. Ich erinnere mich, dass in der Diskussion über die Trinkwasser-Fluoridierung die Frage nicht lauten durfte: »Hilft

Fluor gegen Karies?«, sondern: »Finden Sie es akzeptabel, verpflichtet zu sein, ein Medikament zu sich zu nehmen?«

Manchmal wird innerhalb eines Satzes der Übergang von einem Gebiet in ein anderes vollzogen. Ich erinnere mich, wie ein Kernphysiker in einer Diskussion über Kernenergie sagte: »Die Chance, dass dieser Kernreaktor explodiert, ist 1 zu 10 Millionen, und das empfinde ich als ein akzeptables Risiko.« Die erste Hälfte des Satzes steht im Geistesleben, dort ist er sachverständig (auch wenn er natürlich falsche Behauptungen aufstellen kann). Nach dem Komma spricht er weiter als Bürger, als Individuum und äußert sich darüber, was er als akzeptables Risiko empfindet. Die Versuchung für den Sachverständigen besteht darin, dass er seine Autorität auf Gebieten missbraucht, wo sie nicht hingehört. Die Urteile vollziehen sich zwar im Gefühlsgebiet, aber sie werden aus den anderen Gebieten genährt. Und das bedeutet, dass zur Vorbereitung eines Referendums großzügig Gelegenheit sein muss, die Referendumfrage aus den verschiedensten und kontroversesten Sachverstands- und Erfahrungsperspektiven ausführlich zu beleuchten. Früher gab es da die Gefahr einseitiger Information, denn wer bekam Sendezeit und welche Artikel erschienen in der Zeitung? Durch die elektronischen Kommunikationsmittel entstehen ganz neue Möglichkeiten. Es kann eine Website eingerichtet werden, die jedem die Gelegenheit gibt, dort etwas zu veröffentlichen. Die elektronischen Hilfsmittel bieten übrigens auch die Möglichkeit einer schnellen Meinungsumfrage unter einer großen Anzahl von Menschen.

Eine Alternative für die Parteipolitik

Ein anderer Aspekt einer Bottom-up-Demokratie betrifft die Suche nach einer Alternative für die Parteidemokratie. Wir haben beschrieben, wie diese extern und intern vom Machtdenken beherrscht ist. Politik verwandelt sich dann in persönliches Erfolgsstreben und das

Sicherstellen des nächsten Wahlergebnisses. Darüber hinaus vergrößert die Parteipolitik den Abstand zum Bürger. Es gibt zwar einen Spitzenkandidaten und man kreuzt auf dem Stimmzettel einen Namen an, tatsächlich aber gibt man seine Stimme einem Parteiprogramm. Wenn dann eine Koalition gebildet wird, beginnen zwischen den Parteien die Verhandlungen um eine Regierungserklärung, hinter die sich alle stellen können. So eine Erklärung steckt voll von Kompromissen, an denen der Wähler keinen Anteil hat. Faktisch steht er wieder für vier Jahre im Abseits.

Es erheben sich immer mehr Stimmen, dass in den westlichen Demokratien die Parteipolitik an ihr Ende gekommen ist und dass wir an Stelle dessen für konkrete Menschen stimmen müssen, in die wir Vertrauen haben und die in ihrer politischen Urteilsbildung frei, d.h. nicht das Sprachrohr einer Partei sind – und vor dieser ihr Handeln auch nicht verantworten müssen. Der Vorschlag, Bürgermeister direkt wählen zu lassen, ist ein bescheidener Ansatz in diese Richtung.

Die gesellschaftliche Debatte

Sowohl für den Erfolg von Referenden, als auch für die Arbeit der persönlich gewählten Politiker ist es wichtig, dass regelmäßig gesellschaftliche Debatten über aktuelle Themen stattfinden, wie Euthanasie, Bio-Industrie, Genmanipulation, Asylsucher, Naturschutz, Datenschutz usw. Das sind sehr umfassende Themen und über Teilaspekte davon müssen sicher regelmäßig Referenden durchgeführt werden. Desto wichtiger ist es, dass die Beschlussfassung in diesen Referenden von einer breiten Basis getragen wird. Daher die Wichtigkeit breit angelegter gesellschaftlicher Debatten, die nicht unter dem Druck kurzfristiger Beschlusszwänge stehen sollten. In letzter Zeit gibt es in einigen Ländern, besonders Dänemark und England, Erfahrungen mit einer produktiven Art, öffentliche Foren zu veranstalten.

Wieder können wir die Fragezeichen in der Abbildung zu den Entwicklungsschritten durch Begriffe aus der Perspektive der Basisdemokratie ersetzen.

Für das erste Fragezeichen – auf der Höhe des Wortes Demokratie auf der linken Seite – können wir das Referendum einsetzen; beim zweiten Fragezeichen – auf der Höhe der Monarchie – den persönlich gewählten Politiker (eine Art Mandatträger); beim dritten Fragezeichen – auf der Höhe der Hierarchie – die öffentliche Debatte (das Suchen nach einer Art Mission Statement auf kommunaler, regionaler oder nationaler Ebene).

Hierarchie öffentliche Debatte

Monarchie pers. gewählter Politiker

Demokratie Referendum

Anarchie

Umpolung im Wirtschaftsleben

Wir werden nun die Bottom-up-Bewegung über die drei Stationen noch ein drittes Mal beschreiben, diesmal aus der Sichtweise des Wirtschaftslebens.

Der Abstraktionsprozess in der Wirtschaft

Wir haben in Kapitel III in großen Linien den sozial-kulturellen Evolutionsprozess skizziert, wie er sich im Verlauf von Jahrhunderten vollzogen hat. In Bezug auf den lebendigen Geist, von dem diese Evolution ausgeht, muss dieser Prozess als ein Abstraktionsprozess charakterisiert werden. Sich von etwas zu abstrahieren, bedeutet, sich davon zu lösen. Der Mensch, der noch träumend-schlafend in der Geistwirklichkeit lebte, macht sich von ihr los, beziehungsweise wird von ihr losgelassen. Er erwacht an der sinnlichen Welt, die er mit seinem denkenden Geist versucht zu begreifen. In diesem denkenden Geist verfügt er über abstrakte Begriffe, erstorbene Abdrücke einer einst geschauten Wesensrealität. Dieser Abstraktionsprozess vom Geistigen hat ein Komplement, das uns im Rahmen dieses Abschnitts besonders interessiert. Es findet nämlich auch ein Abstraktionsprozess von der Erde statt. Wir müssen uns vorstellen, dass in den ersten Manifestationen von sozial-kulturellem Leben auf der Erde (in den oben beschriebenen Theokratien) die Menschen, die das Wirtschaftsleben auf der Erde versahen (Landbau, Handwerk, Handel), aber auch diejenigen, die im Tempel- und Pyramidenbau beschäftigt waren, bis hin zu den Tempeldienern selbst, eine direkte Verbindung mit der Erde, mit der Materie, mit Pflanzen und Tieren hatten, auch wenn ihr Bewusstsein dabei noch nicht wach war. Sie lebten in einer selbstverständlichen Naturverbundenheit. Auch in dieser Beziehung findet eine Abstraktion, ein Loslösungsprozess statt. Und dieser wird dadurch möglich gemacht, dass das Resultat des erstgenannten Abstraktionsprozesses zur Verfügung steht. Ich habe schon beschrieben, wie der Mensch durch seinen denkenden Geist die Möglichkeit erhält, die Gesetze der sinnlichen Welt nicht nur in Begriffe zu fassen, sondern mit Hilfe dieser Begriffe eine Technik zur Beherrschung dieser Natur zu entwickeln. Und damit wird durch den einen Abstraktionsprozess der andere in Gang gesetzt. Die Technik ›befreit‹ den Menschen von seiner Bindung an die Natur.

Geist

Abstraktionsprozess vom Geistigen

Abstraktionsprozess von der Erde

Materie

Im Begegnungspunkt der zwei Abstraktionsprozesse steht als neue Errungenschaft ein punktförmiges Ich-Bewusstsein, das den lebendigen Geist denkend verinnerlicht hat und die Natur als Gegenüber vollständig außer sich platziert. Damit haben wir sowohl den lebendigen Geist, als auch die lebendige Natur verloren. Aus diesem neuen Mittelpunkt heraus müssen wir beide, den Geist und die Erde, aufs Neue finden. Dieser Weg führt gewissermaßen durch die Erde hindurch, bottom-up, das Unterste zuoberst kehrend. Im letzten Kapitel werden wir das zusammenfassend noch einmal auseinandersetzen. In dem Maße, wie wir Geist und Erde wiederfinden, erweitert sich das punktförmige Ich-Zentrum und der Mensch findet nicht nur den Geist und die Erde auf eine neue Art, sondern auch sich selbst und damit auch seine Mitmenschen.

Inzwischen ist deutlich geworden, dass sich der erste Abstraktionsprozess auf das geistig-kulturelle Leben und der zweite auf das Wirtschaftsleben bezieht. Es ist ein merkwürdiges Paradox, dass wir im Geistesleben den Geist verlieren und im Wirtschaftsleben die Erde. Gerade das Wirtschaftsleben ist an die Erde gebunden, es gebraucht irdische Rohstoffe und befriedigt irdische Bedürfnisse. Und doch hat es unter dem Einfluss des sich abstrahierenden Geistes seine Beziehung zur Erde verloren. Wir wollen das an Hand von Phänomenen deutlich machen.

Umwelt

Das Anwachsen der Umweltschutzbewegung spricht für sich selbst. Wogegen widersetzt sich diese Bewegung? Gegen die Brutalität, mit der sich das Wirtschaftsleben zum Herren über die Natur macht, weil sie diese als Rohstoff benötigt. Von einer verantwortungsbewussten Beziehung zur Erde kann dabei keine Rede sein.

Bio-Industrie

Wer ein modernes vollautomatisches Tomaten-Gewächshaus betritt, sieht dort Pflanzen, die nicht in Erde, sondern in Steinwolle wurzeln, durch die Mineraldünger fließt, die nicht durch die Sonne, sondern durch eine programmierte künstliche Beleuchtung beschienen werden. Hat das noch etwas mit Natur zu tun? Dasselbe gilt in Bezug auf groß angelegte Legebatterien für Tausende von Hühnern mit abgehacktem Schnabel oder Mastställe mit Schweinen mit abgeschnittenen Schwänzen, denen ein minimaler, völlig steriler Lebensraum zur Verfügung steht. Hat das noch etwas mit Natur zu tun? Der Bericht der Wijffels-Kommission für eine neue Orientierung im Landbau im Zusammenhang mit der BSE-Katastrophe hatte nicht umsonst einen Titel mit kräftigem Bildcharakter: »Schweine wollen wühlen, Hühner wollen scharren, Kühe wollen grasen«.[53]

Kontext

Das abstrakte Denken kann Dinge aus ihrem Zusammenhang mit anderen Dingen isolieren. Dieser Reduktionsprozess bewirkt eine Entfremdung von der lebendigen Wirklichkeit. Denn in dieser Erdenwirklichkeit haben die Dinge immer einen Zusammenhang, bilden den Teil eines größeren Ganzen. Bei der Schaffung künstlicher Monokulturen in der Bio-Industrie ist uns das bereits begegnet. Hier geht es mehr um den landschaftlichen und sozial-kulturellen Kontext. Zwei Beispiele:

- Ein großer, rechtwinkliger, fensterloser, blau gestrichener ›Schuhkarton‹ irgendwo auf einer Wiese. Aus logistischen Überlegungen wird das Verteilerzentrum dort hingesetzt, aber hat es irgendetwas mit seiner Umgebung zu tun? Negation der Erde!
- Ein standardisiertes McDonalds Restaurant in einem französischen Provinzstädtchen, in einem chinesischen Bergdorf, in einer afrikanischen Siedlung. Negation der lokalen Kultur, die auch mit dem Erdenort nichts zu tun haben will.

Maschinen

Durch die Mechanisierung entfremdet sich der Mensch von der Materie, die er bearbeitet, von dem Produkt, das er herstellt. Stellen Sie sich die folgende Reihe vor, in der die industrielle Entwicklung en miniature abgebildet ist:

- Jemand hält ein Stück Holz gegen seine Brust gedrückt und bearbeitet es mit einem Hohleisen
- Er klemmt es in einen Schraubstock ein und bearbeitet es mit einem Beitel, den er mit beiden Händen bedient
- Er klemmt es in die Backen einer Drehbank, stellt die Beitel ein und bedient die Apparatur
- Er sitzt am Schaltpult und überwacht auf einer Anzahl von Bildschirmen den irgendwo anders verlaufenden vollautomatischen Prozess

Mit jedem Schritt entfernt er sich weiter von dem Objekt und gelangt in eine virtuelle Welt. Wo ist die Erde geblieben? Der hier skizzierte Prozess ist repräsentativ für viele vergleichbare Mechanisierungs-, Automatisierungs- und Robotisierungsprozesse.

53. Der eigentliche Titel war »Kühe gehören auf die Weide«, ich habe den Titel etwas verändert, um die Symmetrie der drei Aussprüche zu bewahren.

Konsument

Das Wirtschaftsleben ist in seinem Wesen nicht allein deshalb so irdisch, weil es immer Erdenstoffe gebraucht und verbraucht, sondern auch, weil es seine Daseinsberechtigung aus der Befriedigung der irdischen Bedürfnisse von Menschen bezieht. Menschen sind keine Engel, die ein nicht-inkarniertes Dasein haben, sie sind irdische Wesen und haben daher irdische Bedürfnisse: Essen und Trinken, Bekleidung und Behausung; für die sozialen Bedürfnisse Transport- und Kommunikationsmittel, Cafés und Begegnungsräume, für die kulturellen Bedürfnisse Papier und Tinte zum Schreiben, Musikinstrumente, Malutensilien und dergleichen. Selbst die erhabensten Bedürfnisse haben irgendwo eine irdische Komponente, für deren Befriedigung das Wirtschaftsleben sorgen muss. Der Konsument ist Träger dieser Bedürfnisse, und darum rechne ich ihn im Rahmen dieses Abschnitts mit zur Erde. Anfänglich standen Konsument und Produzent noch dicht beieinander. In den geschlossenen selbstversorgenden Gemeinschaften waren sie noch eins. Später, in den noch übersichtlichen Dorf- und Stadtgemeinschaften gab es den persönlichen Kontakt auf dem Markt, im Geschäft und in der Werkstatt des Handwerkers. Aber dann beginnt die Abstraktion zuzuschlagen. Die Industrialisierung setzt sich durch, die Produktion wird ausgedehnt, Rohstoffe und Endprodukte werden über die ganze Welt verfrachtet. Der Konsument verschwindet hinter dem Horizont, wird zum Markt, ist der notwendige Endpunkt der Absatzwege. Sein Verhalten wird statistisch erfasst und über die Werbung beeinflusst. Ein anonymer Marktmechanismus steuert den Prozess. Das letzte Stadium dieser Mechanisierung ist vielleicht das Tele-Merchandising. Auch hier ist die Erde – der Konsument – außer Sicht geraten.

Kapital

Das Wirtschaftsleben kam erst dann richtig in Fahrt, als größere Kapitalsummen für Investitionen zur Verfügung standen. Der Kapitalbildungsprozess hat an sich schon den Charakter einer Abstrahierung. Im Privathaushalt hat das meiste verfügbare Geld eine konkrete Bestimmung. Sobald etwas als Reserve zur Seite gelegt wird, hat es sich vom Konkreten abstrahiert. Es kann sich noch mit den unterschiedlichsten Dingen verbinden. So ist es auch mit dem Haushalt eines Unternehmens. Das meiste Geld, das aus dem Umsatz zurückfließt, wird für Löhne, Einkauf, Unterhalt u.ä. gebraucht. Der Überschuss, der als Gewinn übrigbleibt, wird als freies Kapital bezeichnet. Es hat sich vom Irdischen gelöst und schwebt in gewissem Sinn darüber. Es ist wie mit dem denkenden Haupt (caput), das sich allerlei Vorstellungen macht, was es alles tun könnte. Alles bleibt abstrakt, bis sich ein Gedanke mit einer Tat verbindet und konkret wird.

Vor nicht allzu langer Zeit waren diejenigen, die über freies Kapital verfügten, in hohem Maß an dessen Verwendung interessiert. Sie waren mit ihren Investitionen verbunden. Die Aktionäre der ersten Aktiengesellschaft (der VOC) waren noch in hohem Maße an ihren Schiffen und was sie mit nach Hause brachten, interessiert. Das Kapitalstandbein des Wirtschaftslebens stand noch fest auf der Erde. Wenn wir nun einen großen Sprung in die heutige Zeit machen, sehen wir, dass das Kapital – seiner Tendenz folgend – eine weitere gewaltige Abstrahierung erfahren hat: Kapitalmassen flitzen elektronisch gesteuert 24 Stunden am Tag um die Erde. Professionelle Anleger und ihre Anlageberater sind ununterbrochen mit Anlegen und ›Ablegen‹, mit dem Ein- und Verkauf von Aktien beschäftigt, Unternehmen werden aufgekauft, aufgeteilt und weiterverkauft, durch Spekulationen wird im großen Stil Geld mit Geld verdient. Mehr als die Hälfte des umlaufenden Kapitals hat keine Beziehung zu realen Wirtschaftsprozessen mehr; die meisten Anleger haben von dem, was mit ihrem Geld geschieht, keine Ahnung und keinerlei Verhältnis dazu.

Alles in allem entsteht das Bild von frei schwebenden Kapitalprozessen, die sich weit über die Erde erhoben haben, um in abstrakten Höhen ein eigenes Leben zu führen.

Unser Rundgang entlang der irdischen Aspekte des Wirtschaftslebens – Umwelt und Kontext, Mechanisierung und Kapital, der Konsument – hat in uns ein beeindruckendes Bild von Abstraktion, von Geophobie, erweckt.

Wenn wir diesem Abschnitt den Titel »Die Umpolung des Wirtschaftslebens« mitgegeben haben, möchten wir damit Wege aufzeigen, wie sich das Wirtschaftsleben wieder mit der Erde verbinden kann. Wir meinen damit auf keinen Fall den Weg zurück zur Selbstversorgung, zum rein Handwerklichen, strikt Regionalen. Der Durchbruch zu einer Weltwirtschaft, die sich der modernsten Technologien bedient, ist eine Realität. Die Frage ist, wie dieser Durchbruch so verlaufen kann, dass die Erde selbst, statt dass sie außer Sicht gerät, ein Quell der Erneuerung werden kann. Hier folgen – ganz vorsichtig – einige Vorschläge.

Den untersten Stein zuoberst: Die Folgen des wirtschaftlichen Handelns wahrnehmen.

Eigentlich ist es ein allzu vermessenes Vorhaben, darüber zu sprechen, wie unser modernes Wirtschaftsleben befreit werden kann von der unvorstellbar dominanten Macht, die es in unserem Gesellschaftssystem entfaltet hat. Jahrhunderte lang war das Wirtschaftsleben der Diener von Rechts- und Geistesleben, von Staat und Kirche, von Monarch und Papst. In der untersten Schicht der Gesellschaft wurde es von unfreien Menschen versehen. Erst seit kurzer Zeit hat es sich aus allen Bindungen befreit. Es scheint, als ob es sich für die

Jahrhunderte lange Knechtschaft rächen und auf zynische Weise »das Unterste zuoberst« wörtlich realisieren will, um dabei mit großer Energie die früheren ›Herren‹– Wissenschaft, Bildungs- und Gesundheitswesen, Kultur und Politik – zu Knechten zu machen. Die vielen NGO´s und Aktionsgruppen, die gegen dieses Bollwerk der wirtschaftlichen Macht Sturm laufen, haben schmerzlich erfahren müssen, wie fest diese Macht in Interessengruppen, im Börsen- und Bankenwesen, in fiskaler und anderer Gesetzgebung, in politischen Lobbies usw. verankert ist. Und, last but not least, hat die Macht der industriellen Produzenten ihre sicherste Verankerung in einem gigantischen Konsumbedürfnis. Um es mit den oben beschriebenen Begriffen der Gegenmächte zu charakterisieren: Je stärker Luzifer das Begierdenwesen anfacht, desto weiter kann Ahriman sein kaltes technokratisches Imperium ausbreiten.

Zurück zum Beginn dieses Abschnitts: Wie kann man so einen Giganten ins Wanken bringen, welchen Stein muss man dazu an der Basis losbrechen? Ich denke, wir müssen diesen Stein in der untersten Schicht der Basis suchen. Als das Wirtschaftsleben sich nach seiner Jahrhunderte langen underdog-Position zum Kapitalismus erhebt, hat es selbst auch eine Unterschicht. Für Marx war das das Proletariat. Die politische Übersetzung davon war der Kommunismus, die Diktatur des Proletariats. Dieser entartete letztendlich zu einer Art Neo-Kapitalismus, der nur von begrenzter Lebensdauer war. Trotz aller Antagonismen zwischen den Arbeitgebern und Arbeitnehmern sind beide Gruppen in hohem Maße engagiert, die kapitalistischen Produktionssysteme aufrecht zu erhalten.

Wir müssen unseren Blick auf die neue ›Unterschicht‹ des Wirtschaftslebens richten, und das ist der Konsument. Da liegt der Stein, den man losbrechen muss, um das ganze Bauwerk ins Wanken zu bringen. Und die Art, diesen Stein in Bewegung zu bringen – tatsächlich bewegt er sich schon deutlich – ist nicht die Parole: »Konsumenten aller Länder vereinigt euch« (gegen die bösen Produzenten), sondern setzt bei einem ganz anderen Ansatzpunkt an, und das ist die Moralität. Das bedarf der Erklärung.

Gerade weil das Wirtschaftsleben auf seine Art situationsgebunden und opportunistisch funktioniert, ist dort die Gefahr am größten, dass keine lenkende Moralität mehr anwesend ist. Die Moralität, um die es hier geht, ist keine von der Kanzel gepredigte, von außen aufgesetzte. Es ist eine Moralität, die direkt mit dem elementaren Auftrag des Wirtschaftslebens selbst zusammenhängt: mit Hilfe der Erdenmöglichkeiten die Erdennöte der Menschen zu lindern. Die moralischen Fragen, die damit zusammenhängen, können bearbeitet werden, indem wir die Konsequenzen unseres wirtschaftlichen Handelns wahrnehmen – d.h. die Folgen von unserem Konsumverhalten und dem dadurch in Gang gesetzten Produktionsgeschehen ins Auge fassen.[54]

Diese Konsequenzen können wir in drei Richtungen suchen:

1. Die Konsequenzen für die Erde, die Umwelt, den Wasserhaushalt, die Atmosphäre, kurzum die ökologischen Konsequenzen. Wir können das wie eine Rechtsfrage zwischen gleichwertigen Individuen betrachten. Tun wir mit unserem Handeln der Erde, der Umwelt, den Pflanzen, den Tieren kein Unrecht an? Ist das Handeln erdengerecht, pflanzengerecht, tiergerecht?
2. Die Konsequenzen für die Menschen, die in irgendeiner Weise an der Produktion beteiligt sind: Ihre Arbeitsbedingungen, ihre

54. Es erscheint mir nicht überflüssig darauf hinzuweisen, dass unter Konsumverhalten auch die Verwendung von Geld zum Sparen oder Anlegen verstanden wird. Solange man nur an der Höhe der Zinsen und Renditen interessiert ist, sind die wirtschaftlichen Konsequenzen dieses Verhaltens nicht relevant. Es gibt eine wachsende Bewegung sowohl bei Sparern und Anlegern, als auch bei (alternativen) Banken hin zu ethischen Anlagen, um Kredite an gesellschaftlich verantwortliche Projekte vergeben zu können.

Entlohnung, ihre lokale Kultur. Auch hier dieselben Fragen: Kommen all diese Menschen zu ihrem Recht? Ist es menschengerecht und menschenwürdig, was hier geschieht?

3. Die Konsequenzen für mich selbst. Durch Werbung, Gewohnheitsbildung, Bequemlichkeit, Statusansprüche und vieles mehr haben wir ein Konsumverhalten angenommen, das auch für uns selbst Konsequenzen physischer, seelischer und geistiger Art hat. Auch hier kann ich Fragen stellen: Komme ich zu meinem Recht? Ist es ich-gerecht? Werden meine eigentlichen Nöte durch die Konsumption gelindert? Wie ist es mit den Nöten der anderen? Bewirkt mein Konsumverhalten, dass sie nicht zu ihrem Recht kommen?

Dieses Sichtbarmachen von Konsequenzen, das Transparentmachen von Produktionswegen, das Offenlegen von finanziellen Kalkulationen hat zwei Seiten. Auf der einen Seite gehört es zum Wirtschaftsleben, dass Vorgänge sorgfältig geplant, kalkuliert und kontrolliert werden. Auf der anderen Seite sind für die Machthaber trübe Wasser nicht unangenehm. Darin kann man gut fischen. Außerdem ist die ökonomische Wirklichkeit durch die Verflechtung von Interessen, durch Subventionen, die die Preise verfälschen und durch Verknüpfung von Produktionsprozessen so undurchsichtig geworden, dass absolute Transparenz von vornherein unerreichbar zu sein scheint. Um nur ein Beispiel zu nennen: Während der BSE-Krise musste herausgefunden werden, wo jedes einzelne Stück Vieh geboren, auf welchen Wegen es transportiert, in welchen Betrieben es gemästet worden war, welches Kraftfutter es gefressen hatte, wo es geschlachtet und in welchen Geschäften das Fleisch verkauft worden war. Eine riesige Aufgabe, diese komplexe Wirklichkeit zu durchleuchten und transparent zu machen.

Und doch denke ich, dass hier der unterste Stein sitzt, den wir nach oben heben müssen, und zum Glück geschieht bereits viel in dieser Richtung. Ich denke, dass das Sichtbarmachen von Konsequenzen unseres Handelns in den drei genannten Richtungen die Grundlage für moralische Fragen bildet, dass die Bilder, die diese Fragen hervorrufen, Moralität wecken und an unser Gewissen appellieren können. Die Medien können dabei eine wichtige Rolle spielen, genau wie die Gespräche, die die Menschen darüber miteinander führen. Natürlich wird das eine oder andere seinen Niederschlag in Gesetzen und Vorschriften finden, aber das Wichtigste wird doch der individuelle, freie Beschluss sein, auf Grund der sichtbar gewordenen Konsequenzen und der dadurch entstandenen moralischen Fragen sein eigenes Konsumverhalten zu ändern. Das ist eine moralische Tat mit einer enormen Potenz. Sie öffnet das Tor zu einer völlig neuen Wirtschaftsordnung – einer Ordnung, deren Steuerungsorgane aus frei gebildeten Assoziationen von Produzenten, Händlern und (Vertretern von) Konsumenten besteht.

Dieser erste Schritt, der Entschluss sein eigenes Konsumverhalten zu ändern, ist noch individuell und unorganisiert, auch wenn viele ihn bereits getan haben. Er geschieht nicht in Absprache mit den Produzenten, sondern in gewissem Sinn noch aus dem Antagonismus Produzent / Konsument heraus. Und dieser Schritt wird von den Produzenten mit marktanalytischen Instrumenten ›wahrgenommen‹.

Welche Potenz in der freien Tat des Konsumenten steckt, der aus moralischen Überlegungen sein Konsumverhalten ändert, und wie das von den Produzenten gefürchtet wird, wurde mir schon in den 60er Jahren bewusst. Die amerikanische Arbeitgebervereinigung hatte dem Stanford Research Institute einen Auftrag erteilt. Sie sollten herausfinden, welche Faktoren in den kommenden 10 bis 20 Jahren einer gesunden, traditionell-kapitalistischen, Entwicklung des amerikanischen Wirtschaftslebens im Weg stehen würden. Man erwartete eine Antwort im Sinn von: es gibt einen Engpass in der Energieversorgung, Knappheit auf dem Rohstoffmarkt oder zu wenig fähige Leute für die Forschung. Nichts von alledem. Die Untersuchung ergab: »Die größte Bedrohung für eine ›gesunde‹ Entwicklung ist die trendartige Zunahme von Aussteigern. Menschen, die den betriebsinternen Konkurrenzkampf nicht mehr mitmachen und sich privat dem Konsumzwang entziehen. Sie suchen nach anderen Werten. Jetzt betrifft das 1% der Bevölkerung. Wenn sich diese Haltung in den nächsten Jahrzehnten auf 5% ausdehnt, untergräbt sie das System.«

Soweit das Aldus Stanford Research Institute. Inzwischen sind mehr als 30 Jahre vergangen. Die Anzahl der Aussteiger ist angewachsen. Das bedrohte System hat sich auf die globale Ebene begeben. Die Gegnerschaft wächst und nimmt hier und dort selbst aggressive Formen an. Höchste Zeit, um auf die Systemunterwanderung mit einem Vorschlag für ein neues System einzugehen. Einen Ansatz bietet sowohl der Begriff ›Dritter Weg‹, als auch die ›New Economy‹. Unter dem dritten Weg wird die Suche nach einer Alternative zwischen geführter Planwirtschaft und einem anonymen Marktmechanismus verstanden. Das Neue der New Economy bedeutet eine prinzipiell horizontal organisierte Wirtschaft ohne leitendes Machtzentrum. Beide weisen in die Richtung der oben genannten assoziativen Wirtschaft. Assoziationen sind Beratungsorgane zwischen Produzenten, Handel und Konsumenten (bzw. deren Vertretern). Sie verhandeln über gewünschte bzw. zu liefernde Produkte, über Qualität, Lieferzeit und Preis. Sie erzielen bindende Absprachen. Auch zwischen Industrie und Landwirtschaft oder Produktionsbetrieben und kulturellen Einrichtungen können Assoziationen entstehen. Wesentlich ist, dass nicht Gleiches sich organisiert und damit zu einer Interessenvertretung wird, sondern dass Gruppen, die entgegengesetzte Interessen haben, sich aber in einem gegenseitigen Abhängigkeitsverhältnis befinden, Beratungs- und Beschlussorgane bilden, die ihrer Zusammenarbeit eine Form geben.

Verschiedene Branchen haben schon Erfahrungen mit Assoziationen gemacht, vor allem der biologisch-dynamische Landbau. Ich denke dabei an das Gemüse- und Obst-Abonnement ODIN in Tiel oder das Pergola-Modell in Utrecht, das durch die Aktion ›Strohhalm‹ unterstützt wird. Letzteres ist eine niederländische Variante der amerikanischen Bewegung für Community Supported Agriculture (CSA).

Diese horizontale und ›anarchistische‹ Organisationsform hat eine Bedeutung, die weit über das Wirtschaftsleben im engeren Sinne hinausgeht. Man kann sie als Ideal hoch aufhängen. Sie bildet tatsächlich den Keim für eine neue, sozial orientierte Kultur, eine Kultur der Brüderlichkeit.

Das kommt zum Ausdruck, wenn wir die drei Schritte, die wir im Rahmen der Bottom-up-Wirtschaft beschrieben haben, auf das Schema ›Entwicklungsschritte‹ anwenden. Zum dritten Mal können wir die Fragezeichen durch neue Begriffe ersetzen.

Hierarchie	Realisierung des Assoziationsideals
Monarchie	freier individueller Beschluss, Konsumverhalten zu ändern
Demokratie	Gerechtigkeit im wirtschaftlichen Handeln
Anarchie	

Gegenüber dem Begriff Demokratie steht jetzt: Unser ökonomisches Handeln im Licht von Gleichwertigkeit und Gerechtigkeit, sich der Konsequenzen des eigenen Handelns bewusst werden. Die zentrale Frage lautet: »Ist es gerechtfertigt?«

Dem Begriff Monarchie steht der freie individuelle Beschluss gegenüber, sein eigenes Konsumverhalten zu ändern, und der Hierarchie entspricht das Ideal der Assoziation.

Dreimal das Unterste zuoberst – eine erste Zusammenfassung

Nachdem wir jetzt dargelegt haben, was wir unter »Das Unterste zuoberst« im Geistesleben (neue Hierarchie), im Rechtsleben (Basisdemokratie) und im Wirtschaftsleben (Bottom-up-Economy) verstehen, wollen wir die gewonnenen Gesichtspunkte noch einmal in ihrem Zusammenhang betrachten – im Vorgriff auf Kapitel VII, wo wir das unter einem geisteswissenschaftlichen Aspekt noch einmal tun.

Wir haben einen absteigenden Entwicklungsprozess dargestellt, der an seinem tiefsten Punkt – in sozialer Hinsicht – in Anarchie und Chaos zu enden droht. Dieses Chaos und diese Anarchie bilden aber auch den Ausgangspunkt für einen neuen Entwicklungsweg, der sich entlang der selben Stationen, vielleicht nicht mehr ganz so deutlich von einander abgesetzt, aufwärts bewegt, dabei aber total neue Erscheinungsformen von Demokratie, Monarchie und Hierarchie hervorbringt. Wir haben diesen Weg mit dem Ausdruck »Das Unterste zuoberst« charakterisiert, weil aus der Anarchie und dem Chaos ›unten im Tal‹ (das in engem Zusammenhang mit dem Wirtschaftsleben steht, wie wir noch ausführen werden), die Bilder und Impulse geboren werden, die oben als neue Hierarchie erscheinen.

Um das zu verdeutlichen, müssen wir erst noch einmal die Stationen des absteigenden Weges betrachten.

Hierarchie
Menschen lassen sich von geistigen Wesen höherer Ordnung führen. Eingeweihte dienen diesen Wesen. Ihre Inspirationen wirken durch sie hindurch.

Monarchie
In dem Maße wie die Inspirationen nachlassen, wird die Führung menschlicher. Anfänglich sind die geistigen Führer noch würdige Bewahrer einer Tradition. Allmählich werden sie immer mehr irdische Herrscher, die aus der Kraft ihrer Persönlichkeit wirken.

Demokratie
Das Volk beginnt sich gegen diese Form der Führung zu widersetzen. Es nimmt sein Recht in die Hand. Anfangs bestimmt es selbst, wer Bürger ist und damit Bürgerrechte hat. Später werden die Kriterien dafür formal festgelegt.

Anarchie
Als das Wirtschaftsleben sich aus der feudal-hierarchischen Knechtschaft durch das Geistesleben und aus der bürokratischen Behinderung durch das Rechtsleben löst, bedeutet das im Prinzip eine Tendenz zur Chaotisierung. Natürlich versuchen nationale Obrigkeiten dieses Wirtschaftsleben in ihrem juristischen Rahmen einzuordnen und natürlich probiert das Wirtschaftsleben selbst sich im archaischen Sinn hierarchisch zu organisieren, aber seiner Art nach ist das Wirtschaftsleben global, horizontal und anarchisch. Das bedeutet, dass es kein herrschendes Zentrum kennt. Es funktioniert opportunistisch und situativ.

Wir haben beschrieben, wie aus dieser ›anarchischen Quelle‹ drei Ströme entspringen, die alle drei dem Gleichheitsbegriff und dem Phänomen Hierarchie offensichtlich einen neuen Inhalt geben können. Dass diese Ströme aus dem durch das Wirtschaftsleben (im weiteren Sinne Arbeitsleben) geschaffenen Chaos entspringen und letztendlich als reifste Frucht eine neue Wirtschaftsordnung (leider ein schon besetzter Begriff) möglich machen, die in ihrer spirituellen Globalität auch das Geistesleben und das soziale Leben umfasst, gibt dem Begriff »Das Unterste zuoberst« seine tiefe Bedeutung. Wir fahren fort, dies zu verdeutlichen.

Ich habe die drei Ströme bereits beschreiben: den Strom des Geisteslebens, den Strom des Rechtslebens und den des Wirtschaftslebens. Aber es gibt noch mehr darüber zu sagen.

Die Quelle der drei Ströme

Ich denke, dass die Quelle, aus der alle drei aufsteigenden Ströme entspringen, das Leid ist. Das klingt schwierig, vor allem in einer Zeit, in der wir Anspruch auf ›pursuit of happiness‹ erheben, in der wir nach Spaß ohne Stress, Frustration o.ä. suchen. Und doch gebrauche ich absichtlich das Wort Leid, weil ich denke und meine wahrzunehmen, dass da, wo fundamentale menschliche Werte zur Diskussion stehen, jeder Mensch – mehr oder weniger bewusst, in Abhängigkeit davon, welche Gefühle er in seiner Seele zulässt – Leid erfährt. Wir werden die drei Ströme in ihrem Quellgebiet aufsuchen und sehen, welche fundamentalen Werte dort berührt werden. Dann können wir begreifen, wo dieses Leid herrührt.

Der erste Strom – der Strom des Geisteslebens hat mit den Schaffenskräften, den Fähigkeiten und der Kreativität des Menschen zu tun. Die Fähigkeiten der Menschen sind verschieden, aber alle können irgendetwas, und sie haben alle ein tiefes Bedürfnis, ihre Fähigkeiten zu entwickeln und gesellschaftlich produktiv zu machen. Leid entsteht an der Quelle dieses Stromes, wenn das Arbeitsleben so organisiert ist,

- dass meine Leistungsfähigkeit nicht mehr gebraucht wird und ich mit einer staatlichen Unterstützung irgendwo im gesellschaftlichen Aus lande
- dass Hierarchie und Bürokratie oder ›Demokratur‹ jede Kreativität unmöglich macht
- dass Spannungen zwischen den Menschen keine Umwandlung zur Synergie erfahren können

Der zweite Strom – der Strom des Rechtslebens – hat mit den Möglichkeiten zu tun, die jeder Mensch hat oder entwickeln kann, um mehr oder weniger umfassend dem Stück der sozialen Landschaft, an der er teilhat, Form zu geben und sie zu ordnen. Er erlebt eine fundamentale Ungerechtigkeit, wenn die Politik – in ihrem arroganten Machtgebaren – ihn als Mitspieler und damit auch als Mitgestalter ins Abseits versetzt (oder ihn mit ein paar Mitbestimmungs-Bonbons bei Laune hält).

Neben der Empörung, die das hervorrufen und die zu allerlei Formen von Protest führen kann, ist für viele Menschen diese politische Machtlosigkeit in einer tieferen Seelenschicht eine Quelle des Leides.

Der dritte Strom – der Strom des Wirtschaftslebens – hat mit dem bedürftigen Menschen zu tun, der seiner Not durch dasjenige, was ihn aus dem Strom von Gütern und Dienstleistungen erreichen kann, Abhilfe schafft.

Wer im reichen Westen die Möglichkeit hat, aus dem Füllhorn des Überflusses zu trinken, kann sich doch auf dreierlei Weise in Not befinden. Die erste hat mehr mit ihm selbst zu tun: er fragt sich, ob er alles, was er so reichlich konsumiert, auch wirklich braucht, und ob seine eigentlichen Bedürfnisse damit wirklich befriedigt werden. Eine ehrliche Antwort wird häufig negativ ausfallen. Die zweite Not betrifft die Mitmenschen. Warum leben noch immer Dreiviertel der Menschheit unter dem Existenzminimum? Warum sterben jeden Tag so viele Menschen durch Hunger und den Mangel an medizinischer Versorgung? Die dritte Not hat mit der Erde zu tun. Die Art wie das Wirtschaftsleben mit der Erde umgeht, ist tatsächlich eine Notsituation.

Eine dreifache Not, die eine Quelle von Leiden sein kann – von Mitleiden.

Leid kann verbittern und zu Apathie führen. Aber Menschen können am Leid auch reifen[55] und die Kraft und Weisheit finden, um auf neuen Wegen die Ursachen des Leides angehen und umwandeln zu können.

Wir nehmen jetzt an, dass das geschehen ist und verfolgen die drei Ströme zur nächsten ›Station‹. Jetzt können wir an diesen drei Schritten (jeder der drei Ströme macht seine eigene Bewegung zur folgenden Station) zeigen, dass der Begriff Gleichheit, als der Kernbegriff der demokratischen Rechtsverhältnisse, einen völlig neuen Inhalt bekommt.

55. Wir müssen hierbei an die Worte des mittelalterlichen Mystikers Angelus Silesius denken: »Weisheit ist kristallisierter Schmerz«. Auch Wagner muss das gewusst haben, als er seine Parcival-Oper komponierte. Als Parcival nach langem Umherschweifen, während dem er anderen viel Leid zugefügt und selbst viel Leid erfahren hat, in die Gralsburg zurückkehrt und die erlösende Frage stellen kann, erklingt im Text »Aus Mitleid wissend«.
Die Weisheit und das Wissen, von denen hier die Rede ist, ist eine völlig andere als die in der Vergangenheit offenbarte, die dann in intellektuellem Wissen austrocknet. Diese Weisheit, dieses Wissen kommt aus einem inneren Quell und kann den Menschen auf seinem Weg aus dem Tal nach oben führen.

Die neue Gleichheit

Wir beginnen wieder mit dem ersten Strom – dem Strom des Geisteslebens – wo Menschen nach Möglichkeiten suchen, ihre Kreativität, ihre professionellen Fähigkeiten und ihre Praxiserfahrungen so zu organisieren, dass Synergie entsteht, d.h. dass die Menschen sich weiterentwickeln und für die Organisation Mehrwert entsteht. Ich habe in diesem Zusammenhang über das Mandatsystem gesprochen. Das Herz dieser Organisationsform ist die plenare Mitarbeiter-Versammlung, die über die Geschäftspolitik spricht, Beschlüsse zum Mandatsystem fasst und schließlich Mandatträgern ihr Vertrauen schenkt.

Zwischen den Teilnehmern an den Plenums-Versammlungen herrscht eine für den hier gemeinten Strom charakteristische Form der Gleichheit. Diese Form wird durch die Kriterien für kreative Zusammenarbeit bestimmt. Wir sind damit im NPI auf eine bestimmte Art umgegangen. Das sah so aus, dass Junioren, die eine Zeit lang als Praktikanten im Institut mitgelebt und gearbeitet hatten, entscheiden konnten, ob sie als Senior hinzukommen wollten, und die Senioren mussten beschließen, ob sie diesen Menschen als Gleichen, als Kollegen betrachten konnten. Dazu musste sich jeder Kollege drei Fragen stellen:

1. Kann ich mir diesen Menschen als Arbeitsgenossen vorstellen? Dabei ging es um seine Qualifikation, seine Berufsethik und seine Professionalität.
2. Kann ich mir diesen Menschen als Schicksalsgenossen vorstellen? Dabei ging es um sein soziales Verhalten, seine Kollegialität, aber auch zum Beispiel um seine Gehaltsforderungen. Wir bildeten eine Einkommensgemeinschaft und wollten nach Möglichkeit die Einkommens bedürfnisse der Mitarbeiter honorieren. Also fragte man sich bei Frage 2 zu Recht, ob man sein Schicksal mit jemandem

verbinden wollte, der z.B. mit einem Jahresgehalt unter 200.000 Euro nicht leben kann.

3. Kann ich mir diesen Menschen als Initiativgenossen vorstellen? Hierbei war die Frage, ob für diesen Menschen die Anthroposophie eine Inspirationsquelle sein kann, ob er Rudolf Steiners Geisteswissenschaft heranzieht, wenn er Antworten auf die Fragen sucht, die er mit sich herumträgt.

Alle Mitarbeiter äußerten sich dazu, und dabei wurden selten alle drei Fragen mit Ja oder mit Nein beantwortet. Auch waren sich die Mitarbeiter längst nicht immer einig in ihrem Urteil. Wir sprachen so lange miteinander, bis ein Konsens erreicht war, will sagen, bis niemand mehr Einwände vorbrachte. Das bedeutet, dass tatsächlich jeder einzelne Kollege das Vetorecht hatte.

Wenn jemand mit dieser Art Kriterien als Gleicher von einer plenaren Arbeitsgruppe akzeptiert wird, hat das deutlich elitären Charakter. Und das zu Recht, weil wir uns hier im Strom des Geisteslebens befinden. Hier geht es darum, dass Menschen sich in einer – freien – Wahl für eine bestimmte Mission einsetzen (siehe unten bei der letzten ›Station‹) und darum auch frei entscheiden, mit wem sie an der selbstgewählten Aufgabe zusammen arbeiten wollen.

Beim zweiten Strom – dem Strom des Rechtslebens – liegt das ganz anders. Menschen, die nach Wegen suchen, um sich von der Arroganz der einmal in vier Jahren gewählten Parteipolitiker zu befreien, werden sich für das Referendum einsetzen. Konkrete Menschen äußern sich zu konkreten Angelegenheiten und sind genötigt, von ihren Erfahrungen zu lernen und eventuell falsche Beschlüsse zu ändern. Wie steht es hier mit der Gleichheit? Die steht von vornherein fest. Jeder Bürger niederländischer Nationalität ist von einem bestimmten Alter an stimmberechtigt. Das Gleichheitsprinzip betrifft hier nicht die Menschen, sondern die Themen, zu denen sie sich äußern müssen. Ich habe es im Vorangehenden bereits gesagt: Alle

Menschen sind gleichermaßen berechtigt, über Dinge zu urteilen, für die kein spezifisches Fachwissen (Geistesleben) oder besondere Berufserfahrung (Wirtschaftsleben) erforderlich ist. Ich nannte die Beispiele Trinkwasser-Fluoridierung und Atomreaktoren. Ich werde bei einer Abstimmung das Urteil meines stimmberechtigten Mitbürgers erst dann akzeptieren, wenn die Thematik, die abgestimmt wird, sorgfältig von dem Bedarf an Fachwissen und Erfahrung getrennt ist. Ich denke, darin liegt eine der größten Herausforderungen für die Referendum-Befürworter: die Entwicklung eines subtilen Unterscheidungsvermögens zwischen fachlichen, sozialen und Erfahrungsurteilen.

Beim dritten Strom – dem Strom des Wirtschaftslebens – steht es mit der Gleichheitsfrage wieder anders. Die Gleichheit, um die es hier geht, hat eine tief moralische Grundlage. Wir haben bereits über die moralische Dimension des Wirtschaftslebens gesprochen, denn es geht immer um die Nöte des Mitmenschen und auch um die Nöte der Erde, dort wo wir sie ausbeuten. Das war der Grund, warum wir beim Erforschen von unserem eigenen Konsumverhalten und vom Wirtschaftsleben im weiteren Sinn solche Fragen stellten wie: »Ist das erden- , pflanzen-, tier-, kind- und menschengerecht?« Solche Fragen können wir nur stellen, weil alle Lebewesen eine eigene Würde haben, einen ureigenen inneren Wert. Inhaltlich sind die Werte verschieden, aber als Träger dieser inneren Würde sind alle gleichwertig. Und diese innere Würde kann uns namentlich dort bewusst werden, wo das Wirtschaftsleben nicht würdig mit den Nöten der Entität umgeht, ihrem inneren Wert nicht gerecht wird. In diesem letzten Satz erscheint im Wirtschaftssystem das Gleichheitsprinzip des Rechtslebens. Ein überzeugendes Beispiel dafür können wir in dem finden, was bei Naturkatastrophen und sozialen Unglücksfällen geschieht. Akute Not tritt auf, und in diesem Moment spielt es keine Rolle, was für Menschen sich in Not befinden, ob sie uns sympathisch sind oder nicht, aus welchen Gründen auch immer. Es muss geholfen werden, sie haben das Recht auf Hilfe, denn sie sind Menschen. Und meistens setzt sich auch ein spontaner Strom von materieller, finanzieller und tatkräftiger Hilfe in Bewegung.

Zusammenfassend können wir sagen, dass die drei Strömungen auf der ›Station‹ gegenüber ›Demokratie‹ drei neue Erscheinungsformen des Themas Gleichheit zeigen. Im Geistesleben die gleichen Intentionen in Bezug auf den Einsatz von Fähigkeiten, im Rechtsleben die Gleichheit vom Urteilsvermögen, im Wirtschaftsleben die Gleichwertigkeit in Bezug auf die Nöte, die ein jeder hat.

Die neue Hierarchie

Wir folgen den drei Strömen nun weiter ›nach oben‹ und kommen in den Bereich des Geisteslebens. Im absteigenden Strom sprachen wir dabei von der Top-down-Hierarchie und Monarchie, im aufsteigenden Strom von individueller Verantwortlichkeit und Bottom-up-Hierarchie. So wie die Monarchie die individualisierte – rasch dekadent gewordene – Fortsetzung der geistig hierarchischen Führung ist, so ist auf dem Weg nach oben diese Station eine – immer würdigere – Vorbereitung für die neue Hierarchie. Wir werden daher für jeden der drei Ströme die letzten beiden Stationen im Zusammenhang besprechen.

Beim ersten Strom – dem Strom des Geisteslebens – geht es hier vor allem darum, den Vertrauensraum für die Verantwortlichkeit des Mandatträgers zu schaffen. Hier erscheint bereits deutlich das Phänomen der umgekehrten Hierarchie, sei es auch noch in einem persönlichen Gewand. Wir haben darüber gesprochen, dass der Mandatträger außer dem Vertrauensfundament unter sich auch eine geistige Orientierung über sich braucht. Diese haben wir als Mission Statement beschrieben, an dem die Mitarbeiterversammlung gemeinsam arbeitet. Das Geistig-Wesenhafte wirkt nicht als Offenbarung top-down, sondern wird in Freiheit aus dem eigenen Bewusstsein bottom-up eingesetzt. Insofern das Mission Statement Ideale, Werte und Verantwortlichkeiten umfasst, kann man es als heilig erleben, und es kann buchstäblich von einer neuen Hierarchie gesprochen werden.

Ich denke, dass für alle Arbeitszusammenhänge Mission Statements immer mit der Frage zu tun haben:

- Auf welche Art und Weise wollen wir unsere Fähigkeiten und unseren Sachverstand einsetzen, um welche Bedürfnisse von welchen Menschen zu befriedigen?

Ich denke, dass dieses Triptychon in anderer Form auch am Ende der anderen drei Ströme erscheint.

Wir wenden den Blick nun wieder dem zweiten Strom – dem Strom des Rechtslebens – zu. Die Station der Monarchie erscheint hier als das Wählen eines Politikers auf Grund seiner persönlichen Fähigkeiten und Integrität und nicht als Exponent einer Partei bzw. Ausführender eines Parteiprogrammes. Diese Nominierung hat einige Verwandtschaft mit der Nominierung eines Mandatträgers. Wie dieser braucht auch ein Politiker mit persönlicher Verantwortlichkeit die Orientierung an einer höheren Ebene, an fundamentalen Werten. Hier kommt nicht das gemeinschaftliche Mission Statement in Betracht, hier ist ein waches Bewusstsein der (kontroversen) Bedürfnisse, Normen und Werte der unterschiedlichen Bevölkerungsgruppen erforderlich. Dazu dienen regelmäßige öffentliche Debatten über aktuelle und grundsätzliche Fragen, nicht um über sie zu beschließen, sondern als Orientierung für die Politiker.

Ich denke, die Zielrichtung von solchen öffentlichen Debatten müsste die Ebene des Volksgeistes und sein Anteil im Chor der europäischen Volksgeister und weit darüber hinaus sein. Was sind die charakteristischen niederländischen Eigenschaften, Fähigkeiten, Erfahrungen und Sachkenntnisse? Für welche Werte haben wir uns seit Jahrhunderten eingesetzt? Um welches Problem, um das Lindern welcher Not wollen wir uns bemühen? Es ist natürlich eine Illusion, dass sich ein Gespräch oder eine öffentliche Debatte auf diesem Niveau abspielen oder auf diesem Niveau Fragen beantworten kann. Aber das Streben in diese Richtung kann die Qualität dieser Gespräche und Debatten bereits verbessern.

Im dritten Strom – dem Strom des Wirtschaftslebens – hat die Station der Monarchie einen ganz anderen Charakter. Die Kräfte der Persönlichkeit werden nicht in einem anderen, wie z.B. dem Mandatträger oder dem Politiker, angesprochen, sondern in mir selbst. Ich schaue auf mein eigenes Begierdewesen und mein von außen bestimmtes Verhalten und beginne mich selbst – sozusagen von meinem höheren Ich aus – zu führen. Wenn an irgendeiner Stelle deutlich wird, dass diese Station eine Vorbereitung für die folgende ist, dann hier. Das Gespräch zwischen Produzenten, Händlern und Konsumenten verlangt von allen Betroffenen, sich ein Stück weit von den kleinen Eigeninteressen zu lösen. Und das genau ist es, was jetzt auf der dritten Stufe geschieht.

Was auf der letzten Stufe des ersten Stromes als Willensintention (Mission Statement) formuliert wird, worüber am Ende des zweiten Stromes von den Betroffenen debattiert wird, das wird im assoziativen Gespräch – der letzten Stufe des dritten Stromes – getan. Da sitzen die real Betroffenen um einen Tisch und vollziehen den Dialog zwischen den Menschen, die als Produzenten etwas anzubieten haben, die als Konsumenten Bedürfnisse haben, und denen, die als Händler zwischen beiden vermitteln wollen. Die ›Heiligkeit‹, durch die man sich auf dieser letzten Stufe leiten lässt, ist weniger der Inhalt der assoziativen Gespräche, als vielmehr die Form, das Konzept, die Tatsache, dass hier auf der Grundlage einer neuen sozialen Ordnung geübt wird.

Damit mag deutlich geworden sein, was der Titel »Das Unterste zuoberst« eigentlich zum Ausdruck bringen soll: In dem Chaos und der Anarchie, die das Wirtschaftsleben geschaffen hat, nachdem es sich aus Hierarchie, Monarchie und Demokratie befreit hat, entsteht, aus der Not geboren, eine aufsteigende Bewegung aus dem Arbeitsleben, die:

- nicht nur völlig neue juristisch Fragen im Zusammenhang mit Eigentum, Datenschutz (Persönlichkeitsschutz) und neuen Formen der Zusammenarbeit aufwirft, sondern auch dem Gleichheitsprinzip im Rechtsleben einen ganz neuen Inhalt gibt
- in der Folge auf eine ebenso neue Art Raum schafft für die Kräfte der Persönlichkeit
- schließlich nicht nur in völlig neue Forschungsfragen in Bezug auf Qualität, Entwicklungsgesetzmäßigkeiten, innere Schulung u.ä. mündet, sondern auch in eine – nochmals – völlig neue Form der hierarchischen Führung

Die überpersönlichen Leitideen, an denen man sich dabei in aller Freiheit orientieren will, entsprechen ihrem Wesen nach dem Grundmotiv des Wirtschaftslebens: Der kreative Dialog zwischen Vermögenden (Fähigen) und Bedürftigen, zwischen Menschen mit Fragen und Menschen mit Antwortpotenzialen und deren Vermittlern. Wir haben diese Leitideen tatsächlich schon formuliert, als wir die drei Kernfragen zum Aufstellen eines Mission Statements ausgeführt haben.

Die drei skizzierten Ströme zeigen alle drei auf ihre Art das Thema: »Das Unterste zuoberst«.

Wir begegnen dem Thema in der Umwandlung der alten Top-down- zur neuen Bottom-up-Hierarchie, in der Umwandlung der alten juristischen Gleichheit zur neuen sozi-alen Gleichwertigkeit und in der Umwandlung der Selbst-Versorgung (als Arbeitsintention) zur echten Dienst-Leistung.

VI.

Der innere Weg zur Dienstbarkeit

Die Antworten auf die zwei anfänglichen Fragen nehmen allmählich Konturen an. Die so sehr begehrte Freiheit muss in den sozialen Subsystemen des Geisteslebens gesucht werden. Aber in diesem Geistesleben haben sich die Gegenmächte eingenistet. Ich habe sie im Vorhergehenden mit den Namen benannt, die sie in der Geisteswissenschaft haben: Luzifer und Ahriman. Luzifer hält im Geistesleben alte, obsolet gewordene hierarchische Verhältnisse aufrecht, damit sich Menschen in arroganter Selbstzufriedenheit über anderen erheben können. Ahriman gebraucht die Hierarchie, um über andere herrschen zu können.

Die andere Frage bezog sich auf die Menschenrechte, auf die tiefe Sehnsucht nach gleichen Rechten für alle Menschen. Auch hier haben die Gegenmächte Land gewonnen. Luzifer schafft die Illusion von Zusammengehörigkeit auf der Grundlage un-eigentlicher Gleichheit (dasselbe Blut, dasselbe Volk, dieselbe Religion, Fans desselben Fußballvereins), Ahriman schafft tatsächliche Gleichheit durch Normierung, Standardisierung und Egalisierung – der Mensch gerät damit aber ins Abseits.

Es wird deutlich, dass die Positionen der beiden Gegenmächte im Geistes- respektive Rechtsleben einander wechselseitig verstärken. Es ist ein stabiles Bollwerk.

Wir haben im vorigen Kapitel gezeigt, dass der Hebel, mit dem dieses Bollwerk ins Wanken gebracht werden kann, die Dienstbarkeit ist. Echte Dienstbarkeit ist das Leitthema des Wirtschaftslebens, das wir in diesem Sinne noch kaum kennen gelernt haben. Echte Dienstbarkeit untergräbt alle überholten hierarchischen Verhältnisse, sie schafft neue Hierarchien von einer völlig anderen Qualität. Und die Voraussetzung für echte Dienstbarkeit ist das Erleben einer Gleichwertigkeit, die – in Hinblick auf die traditionelle Gleichheit römischen Rechts – dem Gleichheitsprinzip einen völlig neuen Inhalt gibt.

Auf den nächsten Seiten werden wir zeigen, wie das genannte Bollwerk in den meisten von uns noch kräftig vorhanden ist und wie wir die Qualität der Dienstbarkeit so in uns erwecken können, dass sich dieses Bollwerk geschlagen geben muss.

Das Bollwerk in der eigenen Seele

Das Weltbild

Der Darwinismus hat als wissenschaftliche Theorie begonnen, ist als Bild des Menschen und der Evolution in die Seelen eingezogen und ist schließlich im gesellschaftlichen Handeln soziale Realität geworden. Als solche bildet er das Baumaterial für das Bauwerk. Was bedeutet ›struggle for life‹ und ›survival of the fittest‹? Es bedeutet, dass die treibende Kraft der gesamten Evolution ein egozentrischer Trieb ist. Im Kampf um das Dasein ist der eine fitter als der andere, er ist faktisch höherwertig. Durch seine Fitness ist er überlebens-würdig, der weniger Fitte aber offensichtlich nicht. Der ist folglich minderwertig. Also verschwindet er von der Bildfläche. So ist die Welt geordnet. Neben dem luziferischen Element des egozentrischen Überlebenstriebes und dem Hochmut der Höherwertigkeit wird der

Evolutionsprozess im darwinistischen Sinn durch einen kalten technokratischen Mechanismus gesteuert, in dem wir Ahriman wiedererkennen: das Zufallselement der Mutation und das Selektionsprinzip der Anpassung an die natürliche Umgebung.

Trotz aller sozialen Puffer muss der Kapitalismus, so wie er gemeint ist, als gesellschaftlicher Darwinismus beschrieben werden. Es ist interessant, das Darwins Zeitgenosse Fürst Kropotkin eine die gesamte Natur durchdringende steuernde Kraft entdeckte, die er die ›mutual aid‹, die gegenseitige Hilfeleistung nannte. Das Verhalten der Naturwesen, so Kropotkin, weist ein Netzwerk von Dienstleistungen auf. Das ist selbstverständlich keine Leistung eines moralischen Bewusstseins, sondern die Wirkung der unbewusst waltenden Schöpferweisheit. Aber für Kropotkin ist es das Leitbild für die Gesellschaftsordnung, nach der er strebt. Er gebraucht dafür das Wort An-archie, so wie wir es hier gehandhabt haben. Die gegenseitigen Dienstleistungen, die Kropotkin in der Natur wahrnimmt, werden im menschlichen Zusammenleben in dem Maße eine Notwendigkeit, wie wir durch die Arbeitsteilung in ein Netzwerk gegenseitiger Abhängigkeiten geraten. Tatsächlich ist niemand mehr Selbstversorger, wir arbeiten alle für die anderen. Nur wollen wir das nicht wahrhaben. Wir arbeiten, um ein Einkommen zu erzielen, um unseren Lebensunterhalt zu sichern. In einer Richtung sind wir uns dieser Abhängigkeit bewusst: wenn die anderen ihre Dienstleistung nicht erbringen und ich dadurch in meinem Funktionieren gestört werde. Beispiele hierfür sind verspätete Züge, kein Brot im Geschäft, Post nicht ausgeliefert, Waschmaschine schlecht repariert u.ä. Solche Erfahrungen können in mir einen tiefen Eindruck von dem Netzwerk von Abhängigkeiten hinterlassen, in das ich eingespannt bin. Das kann nur funktionieren, wenn es von selbstlosen Intentionen zu echter Dienst-Leistung getragen wird. Aber dann kann es wie ein Blitzschlag durch das Bewusstsein leuchten: Das ist auch umgekehrt wahr! Es geht um gegenseitige Abhängigkeit. Die anderen – inklusive der Natur – sind auch von mir abhängig. Auch von mir wird in diesem Netzwerk selbstlose Dienstbarkeit verlangt, anstatt zu herrschen und sich bedienen zu lassen. Und ich kann auch lernen, das zu wollen.

Auf diese Art und Weise kann eine innere moralische Umpolung stattfinden.

Der Sprachgebrauch im Denken selbst

In Kapitel IV haben wir zahlreiche Beispiele dafür gefunden, wie reich unsere Sprache immer noch an diskriminierenden und Hierarchie erzeugenden Ausdrücken ist. Zu dem Zeitpunkt, wo ich dies schreibe, geht es aktuell wieder einmal um die Position des ›Van Dale's Groot Woordenboek der Nederlandse Taal‹. Ein niederländischer Türke hatte die Redaktion wegen des Aufführens einer für Türken beleidigenden Sprache verklagt. Die Redaktion hatte sich damit gerechtfertigt, dass sie den Sprachgebrauch der letzten anderthalb Jahrhunderte dokumentiert, ohne jemanden diskriminieren zu wollen. Doch das ist nur ein schwaches Argument, denn dieselbe Redaktion hatte ohne viel Aufsehen vor Kurzem einige Ausdrücke gestrichen, weil sie für Juden beleidigend waren. Wenn also der genannte Türke auf Grund dieses Präzedenzfalles gewinnt, können demnächst Frauen, Homosexuelle, Zigeuner, noch einmal Juden, Schotten, Belgier, Engländer, alle möglichen Berufsgruppen, Schwarze, Chinesen, Indianer und noch viele andere Gruppen mit ihrem Protest erwartet werden. Es ist erstaunlich, wie viele erniedrigende Ausdrücke es gibt, mit denen sich die eine Bevölkerungsgruppe gegen die andere absetzt.

Manchmal ist es nur eine Nuance im Sprachgebrauch, die den einen über den anderen erhebt. Als exemplarisches Beispiel zitiere ich aus dem Kalender der »Genootschap onze Taal« das Blatt von Montag, den 30. Juli 2001. Montag ist in diesem Kalender der ›Ärgernistag‹. Es geht um Ausdrücke, über die sich Menschen ärgern, diesmal um die Frage: »Darf ich das oder muss ich das?« Wann fragen Menschen sich das? Die Antwort auf der Rückseite des Kalenderblattes lautet: »Wenn jemand ihnen gesagt hat, dass sie etwas tun dürfen, z.B. Platz nehmen« – und warum dürfen sie sich übrigens nicht einfach hinsetzen?

Das an sich unschuldige Verb dürfen verursacht häufig – meistens beim Angesprochenen – ein kräftiges Sprachärgernis. Eine scheinbar freundliche Aufforderung von der Art »Sie dürfen schon mal Platz nehmen« kommt nicht bei allen Menschen gut an. In einem Leserbrief vom 4. März 1999 konnte man in der Zeitung Telegraaf lesen: »Man ›darf‹ übrigens in letzter Zeit eklig viel in den Niederlanden. Man ›darf‹ an der Kasse bezahlen und beim Friseur ›darf‹ man sich hinsetzen. Haben Sie auch die Neigung, dazu jedes Mal »Oh, vielen Dank!« zu sagen?«

In »Was für eine Sprache! Sprachärger von bekannten Sprachgebrauchern« (1998) klagt auch Letty Kostermann darüber, dass man bei Behörden heutzutage wirklich alles ›darf‹: »Ich durfte dort eben Platz nehmen, ich durfte diesem Herren folgen, ich durfte das ausgefüllte Formular in diesen Kasten legen, ich durfte noch einmal Platz nehmen, dann durfte ich mich in Zimmer so und so melden, sobald ...« Nach Kostermann kann man die Spitze von all diesem Dürfen im Krankenhaus erleben. Da bekommt man, wenn man Glück hat, von dem netten Mädchen hinten in Kabine 19 dann noch zu hören: »Das Höschen dürfen Sie übrigens anbehalten, ja?« »Glückspilz, denk ich dann.« Dürfen? ›t Mos nie magge!

In unserem eigenen Sprachgebrauch können wir versuchen, bewusst eine gewisse Sanierung der Sprache in Bezug auf diskriminierende und Hierarchie erzeugende Worte und Ausdrücke zu erreichen – wenn wir davon auch innerlich Abstand genommen haben! Viel schwieriger ist das in Bezug auf den denkenden Geist, der die Sprache gebraucht. Es ist höchst eigenartig, dass wir mit unserer denkenden Intelligenz genau das tun, worüber wir hier sprechen, nämlich diskriminieren und hierarchisieren. Wir haben das bereits ausgeführt, wollen es aber hier noch einmal wiederholen.

Diskriminieren bedeutet wörtlich übersetzt unterscheiden. Wenn unsere Sinnesorgane uns vollkommen unzusammenhängende Sinneseindrücke liefern, ist es das Denken, das dort Ordnung hinein bringt. Es erkennt Gruppen von Eindrücken, die zusammen gehören und sagt: »Das ist ein Stuhl, das ist ein Tisch, das ist grün, das ist rot« oder komplizierter: »Das ist eine durch Kunstgriffe von außen instand gehaltene Monokultur, das ist ein sich selbst erhaltendes Ökosystem.« Indem das Denken die Dinge unterscheidet, kann es sie auch benennen. Nun sind die Beispiele bis hierhin noch deskriptiv, wertfrei (obwohl es heutzutage schon negativ diskriminierend ist, wenn man sagt: »Das ist ein Weißer, das ist ein Schwarzer«). Das Denken setzt aber seine diskriminierende Tätigkeit fort, indem es Vordergrund und Hintergrund, Wesentliches und Unwesentliches, Wichtiges und Unwichtiges unterscheidet. Das hat bereits den Charakter von Werturteilen. Dann kann das Denken mit den Begriffssystemen, mit denen es die Wirklichkeit begreifen will, Hierarchien aufbauen. In Kapitel I haben wir dafür bereits Beispiele genannt: Begriffe höherer und niedrigerer Ordnung – je höher, desto abstrakter, aber auch umfassender.

Auf diesem Weg versucht das Denken auch die Gesetzmäßigkeiten zu finden – die Naturgesetze – die den Verlauf der Naturerscheinungen erklären. Wer diese Gesetze kennt und sie in der Technik operationell macht, kann die Natur beherrschen. Das haben wir in Kapitel III schon ausgeführt.

Daraus kann man folgende Schlussfolgerung ziehen: Wer einmal entdeckt hat, dass unser heutiges intellektuelles Denken auf zwei Arten diskriminierend und auf zwei Arten hierarchisierend wirkt (das ist einfach seine Art), wird mit der größten Wachheit verfolgen müssen, wo dieses Denken als reines Erkenntnisorgan seine Berechtigung hat und wo sich seine diskriminierende und hierarchisierende Tendenz vom Inhalt löst und in das Gefühl oder sogar ins Handeln eindringt. Damit haben wir schon den Übergang zum folgenden Abschnitt gefunden.

Gefühle und Werturteile

Wenn wir mit den Vorstellungen, den Gefühlen und dem Handeln von anderen Menschen konfrontiert werden, haben wir den starken und natürlichen Drang, diese in eine Rangordnung von mehr oder weniger wahr, mehr oder weniger passend, mehr oder weniger akzeptabel einzuordnen. Woher nehmen wir den Maßstab für diese Rangordnung? Aus uns selbst! Wir würden das natürlich nicht zugeben, denn wir sind doch großzügig, tolerant und einsichtig. Und doch gibt es tief in uns eine Stimme, die sagt: »Eigentlich sehe ich das doch richtig und die Vorstellungen von dem anderen stimmen einfach nicht. Eigentlich kann man die Dinge nicht so erleben und beurteilen, wie der andere das tut, und wie der andere handelt, das geht doch gar nicht, so würde ich das nie machen.« Bei ehrlicher Selbstreflexion können wir ein mehr oder minder starkes normatives Element in unseren Urteilen über andere entdecken. Damit öffnet sich die Tür für Überlegenheitsgefühle und diese geben ihrerseits eine Art selbstverständliche Legitimierung, den anderen davon zu überzeugen, dass ich Recht habe bzw. ihm meine Handlungsnormen aufzudrängen.

Wenn wir diese Gefühle in uns nicht zulassen wollen und versuchen, eine echte Gleichwertigkeit zu erleben, können wir merkwürdige Entdeckungen machen. Und ich will die Naturreiche um uns herum dabei einbeziehen. Aus einem modernen Umweltbewusstsein, einer Verantwortlichkeit für die Erde und einem ganzheitlichen Denken heraus kann ich versuchen zu erleben, dass alles Lebende im Rahmen eines umfassenden Netzwerkes von gegenseitiger Abhängigkeit seine Daseinsberechtigung, seine Funktion, seinen Sinn hat. Und dann kommt die Realität des Handelns. Ohne Schwierigkeiten reiße ich Unkraut aus dem Boden und werfe es auf den Komposthaufen, während ich andere Pflanzen sorgfältig dünge, begieße und zurückschneide. Ich habe keine Schwierigkeiten damit, Mücken und Fliegen tot zu schlagen. Das Aufstellen einer Mausefalle geschieht schon mit etwas emotionalem Widerstand, während das Ertränken junger Kätzchen mir unmöglich ist. Mit was für einer Hierarchie gehe ich hier um? Und es geht noch weiter bis ins Menschenreich hinein. Wenn eine Anzahl von anonymen Schwarzen an AIDS stirbt, bin ich weniger betroffen darüber, als wenn ich lese, dass Nelson Mandela Prostatakrebs hat. Und ich erwische mich dabei, dass ich mich bei einem Engpass bei den Krankenhausplätzen für die Aufnahme von Rostropovitch statt eines Drogenabhängigen entscheiden würde (natürlich ein unmöglich abstraktes Beispiel!). Und schließlich: Wenn ich bei der Tagesschau eine Gruppe hiphoppender Punker und Skinheads, ziemlich stoned, auf der Flutwelle einer Überdosis Dezibel außer sich geraten sehe, und ich setze innerlich daneben das Bild eines Havel oder Martin Luther King oder einfach einer Krankenschwester, die demente Senioren versorgt, kann ich dann echte Gleichwertigkeit erleben? Es scheint noch ein langer Weg zu sein ...

Gewohnheiten und Verhalten

Auch in meinem Tun und Lassen, das nicht immer gleich bewusst abläuft, kann ich dem oben beschriebenen Bollwerk begegnen. Menschen, die über eine bestimmte Intelligenz verfügen und die Fähigkeit haben, ihre Gedanken klar zu äußern, bemerken oft nicht, wie leicht sie über Menschen hinwegsehen, die mit Gefühlsargumenten diskutieren und oft ihre Gefühle auch nicht so gut in Worte fassen können. In der Diskussion um die moralische Zulässigkeit von artübergreifenden Genmanipulationen kam dies schmerzlich zu Bewusstsein. Die Befürworter waren rational denkende Wissenschaftler und pragmatische Unternehmer. Sie hatten einen Sack voll logischer und sachlicher Argumente. Sie waren nicht imstande und auch nicht bereit, mit den Gegnern ins Gespräch zu kommen, solang diese nicht in der Lage waren, ihre Gefühlsargumente mit Logik und Ratio zu untermauern. Solches Verhalten, das tatsächlich diskriminierend ist, führt im sozialen Leben oft zu einer Polarisierung. Der Abstand wird immer größer. Und so war es auch in diesem Fall.

Manchmal erhebt sich die Ratio nicht nur über die Erlebnis- und Gefühlsqualitäten, sondern auch über die Tatsachen, über die Wahrnehmung. Um ein logisches Argument zu relativieren, weist jemand auf bestimmte Tatsachen hin und fordert den anderen auf, sich das doch mal genau anzuschauen. Aber allzu oft werden störende Tatsachen auch mit einer überlegenen Geste vom Tisch gefegt: das seien ungeprüfte Fakten, betreffe Ausnahmesituationen oder sie seien für die vorliegende Problematik nicht relevant. Wir haben schon früher darauf hingewiesen, dass die Ratio in ihrer Art oft diskriminierend und hierarchisierend auftritt. Auch in diesem Beispiel wird das Verhalten der Menschen dadurch gefärbt.

Wir haben das im NPI (das Institut, in dem ich lange gearbeitet habe) am eigenen Leib festgestellt, als wir im Rahmen eines Gehaltssystems, das mehr auf Bedürfnissen als auf Leistungen, Dienstalter und Vorausbildungen beruhte, in kleinen Gruppen zusammen mit den Partnern Gespräche über das Haushaltsbudget führten. Jeder zeigte dem anderen, wie viel Prozent seines Einkommens er für jede von 10 Ausgabenkategorien, die wir zu diesem Zweck aufgestellt hatten, verwendete. Da zeigten sich bereits deutliche Unterschiede in den Prioritäten. Aber noch deutlicher wurde es, als wir sagten: »Stell dir vor, die Gehälter werden um 10% gekürzt, wie sieht dann eine schlüssige Haushaltsplanung für dich aus? An welcher Stelle wird gestrichen?« Zwischen den Lösungen lagen Welten. Ich streiche die Musikstunden der Kinder, sagte A. Unverantwortlich, sagte B, wir werden unsere Ferien beträchtlich einfacher gestalten. Das untergräbt deine Kreativität, sagte C. Ich beschließe, keine Bücher mehr zu kaufen, sondern sie nur noch zu leihen. Wie kannst du nur, meinte D. Ich verzichte auf die teuren biologisch-dynamischen Lebensmittel und gehe bei Albert Heijn einkaufen. Das ist das Allerletzte, was ich tun würde, findet E und gibt an, dass er seine Versicherungen kräftig reduzieren wird. Obwohl wir für die Handhabung unseres Gehaltssystems als Ethik abgesprochen hatten, keine Werturteile über das Konsumverhalten der anderen auszusprechen, fühlte man innerlich die normativen Urteile über die Prioritäten im Wertsystem der anderen. Wir haben es ausgehalten, aber wir fühlten genau, dass die Kräfte, die das Bollwerk aufrecht erhalten, auch in jedem von uns anwesend sind.

Eine letzte Erscheinungsform des Bollwerks im Bereich der Gewohnheiten und Verhaltensweisen ist das Bedürfnis, sich von anderen zu unterscheiden oder sich ihnen anzupassen. Warum suche ich die Ungleichheit oder die Gleichheit? Beim Nachdenken darüber kann ich ganz viel von dem Bollwerk in mir entdecken. Will ich mich unterscheiden, weil ich mich über den anderen erhaben fühle, weil ich sonst keine Macht über ihn ausüben kann? Schaffe ich Abstand, um meine eigene Identität herauszuarbeiten oder weil ich Angst vor ›Ansteckung‹ habe? Schließe ich mich mit Gleichartigen zusammen, weil Einheit stark macht oder um das warme Gruppengefühl zu haben? Suche ich das Verwandte aus Bequemlichkeit oder um mich selbst bestätigen zu lassen? Mit derartigen Suchfragen kann man in verborgenen Winkeln der Seele sowohl Luzifer als auch Ahriman bei ihrem Spiel mit Hierarchie und Gleichheit entdecken.

Wir werden im weiteren Verlauf dieses Kapitels untersuchen, auf welchen Wegen wir diesem Bollwerk zu Leibe rücken und die darin wirksamen Kräfte in eine positive Richtung umlenken können.

Dem Bollwerk zu Leibe rücken

Wir sind am Ende des letzten Kapitels zu der Einsicht gelangt, dass die moralische Kraft echter Dienst-Leistung – der zentrale Auftrag des Wirtschaftslebens, das sich als letztes aus dem hierarchischen Griff der Theokratie befreit – imstande ist, denjenigen Provinzen des Geistes- und Rechtslebens, in denen sich Luzifer und Ahriman rund um die Themen Hierarchie und Gleichheit eingenistet haben, ihre ureigene Würde zurück zu geben. Was sozusagen in der untersten Schicht des sozialen Organismus – im materiellen, irdischen Wirtschaftsleben – als Leitmotiv auftaucht, muss für eine gesunde Weiterentwicklung als Leitstern nach oben geholt werden. Die Korrumpierung des ›Das Unterste zuoberst‹-Themas ist die bereits genannte Globalisierung, wobei sich nicht die Dienstleistung als moralische Orientierung, sondern das Wirtschaftsleben selbst als organisierte Macht über das Geistes- und Rechtsleben erhebt und diese zur Dienstbarkeit zwingt.

Der Leitstern der Dienstbarkeit wird uns erst leuchten – und dann sind äußerliche, organisatorische und gesetzliche Vorschriften auch wichtig – wenn wir in unserer eigenen Seele den Weg zur moralischen Qualität der echten Dienst-Leistung gefunden haben. Das Paradox ist, dass wir dazu in uns selbst erst eine neue Verbindung zwischen der Erscheinung Hierarchie und der Erscheinung Gleichheit finden müssen. Wir kriechen gewissermaßen innerlich durch das beschriebene Bollwerk und ziehen die Stacheln aus den durch Luzifer und Ahriman besetzten Gebieten. Damit bereiten wir den Weg – in uns selbst – hin zur moralischen Qualität der Dienst-Leistung. Und mit dieser Kraft kann auch das Bollwerk saniert werden und nicht nur das Geistes- und Rechtsleben, sondern auch das Wirtschaftsleben selbst ein menschliches Gesicht erhalten und eine würdige Behausung für den Menschen werden.

Wie finden wir in uns selbst ein neues Verhältnis zum Thema Hierarchie? Indem wir für Erfahrungen offen sind, die auf etwas Höheres deuten, auf etwas Überpersönliches, das über uns hinausgeht und trotzdem intim mit uns verbunden ist. Das kann die Stimme des Gewissens sein, eine höhere Instanz in mir, die spiegelt, Fragen stellt und zur Ordnung ruft. Es kann auch eine konkrete Erfahrung mit meinem eigenen Schutzengel sein oder die plötzliche Erkenntnis, dass mein eigenes Schicksal durch eine Instanz gelenkt wird, die weiser ist als meine Alltagspersönlichkeit. Das Höhere kann sich auch darin äußern, dass ich als Wissenschaftler, Künstler oder im sozialen Bereich tätiger Mensch zu der Einsicht komme, dass es so etwas wie Wahrheit, Schönheit und Güte gibt, die meine subjektiven Gedanken, Gefühle und Handlungen in eine objektive Sphäre erheben wollen. Ich kann zu der Einsicht kommen, dass es meine allergrößte Freiheit ist, diese höheren Gesetzmäßigkeiten kennen zu lernen und mich in ihren Dienst zu stellen.

Am Anfang dieses Erfahrungsweges auf der Suche nach dem Höheren stehen die Ehrfurchtskräfte. Wer in seiner Seele keine Ehrfurcht vor dem Höheren erwecken kann, wird ihm auch nicht begegnen. Und das ist nicht so einfach in einer Zeit, die die Neigung hat, das Höhere mit Kritik, Hohn und Spott herunter zu ziehen. Aber wer dem Höheren begegnet, weiß gleichzeitig, dass es niemals herrscht, sondern tatsächlich immer dient, und dass ich mich selbst niemals erniedrige, wenn ich das Haupt vor etwas Höherem neige. Das Bild der Fußwaschung (Johannes 18) wird dafür immer das Leitbild bleiben. Das Höhere – Christus – kniet vor den Jüngern nieder und wäscht ihre Füße. Und er ruft sie auf, seinem Vorbild zu folgen und einander die Füße zu waschen: »Denn ihr seid doch nicht mehr als euer Meister«.

Wie steht es nun mit der Gleichheit? Die primäre Erfahrung ist, dass wir Menschen immer ungleicher werden, und das wollen wir auch, denn in der Individualisierung erleben wir ein Element der Selbstverwirklichung. Es geht deutlich nicht um die Gleichheit der Menschen, sondern um ihre gleichen Rechte. Warum haben all die verschiedenen Menschen die gleichen Rechte? Weil sie alle gleichwertig sind. Aber wo befindet sich diese Gleichwertigkeit? Ist sie eine Art Mittellage zwischen Höherwertigkeit und Minderwertigkeit? Muss derjenige mit Überlegenheitsgefühlen etwas abgeben und der mit Minderwertigkeitsgefühlen etwas Selbstsicherheit gewinnen, damit sie in der Mitte etwas wie Gleichwertigkeit erleben können? Auf diesem Wege kommen wir nicht ans Ziel. Man bleibt dann im rein Seelischen. Wir müssen den Sprung ins Geistgebiet machen. Ich muss mir klar machen, dass sich das Geistwesen Mensch – so wie es den Schöpferwesen vor Augen stand –in mir in einzigartiger Weise realisieren will, indem es sich für diese Inkarnation in ein einzigartiges Seelenkleid gehüllt hat und dem dafür ein irdisches Instrument zur Verfügung steht, das ebenso einzigartig ist. Jeder hat seine eigene DNA, Eiweißstruktur, Handlinien und Iris, um nur ein paar Beispiele zu nennen. Die Gleichwertigkeit sitzt im Geistgebiet. Die Arbeit mit dementen alten Menschen oder mit geistig oder anderweitig Behinderten ist ein Übungsweg, um durch das Äußere hindurch den gleichwertigen Mitmenschen als Geistwesen zu sehen. Darin liegt die Überwindung aller Diskriminierung, aller normativen Urteile über andere. »Liebe deinen Nächsten wie dich selbst« bedeutet dann: erkenne und würdige im anderen, dass er auf seine Art damit beschäftigt ist, Mensch zu werden. Habe seine Vorstellungen, Gefühle und Handlungsweise genau so lieb wie deine eigenen Vorstellungen, Gefühle und Handlungsweisen, denn sie sind ein einzigartiger Weg der Menschwerdung, genau wie dein Weg einzigartig ist. Und darin seid ihr gleichwertig. Die Entdeckung der Gleichwertigkeit geschieht über die Entdeckung der inneren Würde des Menschen.

So haben wir in den zwei Provinzen des Bollwerks die zwei fundamentalen Qualitäten entdeckt, nach denen jeder Mensch auf der Suche ist: in der Provinz des Geisteslebens, des kulturellen Lebens, die Freiheit, das Höhere als solches zu erkennen und in der Provinz des Rechtslebens, des sozialen Lebens, die Liebe zum Anderssein des gleichwertigen Mitmenschen.

Wir wollen nach dieser Andeutung des inneren Übungs- und Schulungsweges, den der »das Unterste zuoberst« kehrende Prozess mit sich bringt, das Vorhergehende noch einmal zusammenfassen und werden weitergehende Gesichtspunkte aus der Geisteswissenschaft heranzuziehen.

VII.

Zusammenfassung aus geisteswissenschaftlicher Perspektive

Die Geburt des zweiten Menschen in uns

Wir wollen das Thema »Das Unterste zuoberst« im archetypischen Sinn durch ein Phänomen beleuchten, das jeder Mensch in seiner Entwicklungsgeschichte einmal durchlaufen hat: das Embryonalstadium. Neun Monate lang schwebt der werdende Mensch gewissermaßen schwerelos mit dem Kopf nach unten im Fruchtwasser. Das ist ein Bild, das uns berühren kann und über das wir uns nicht genug wundern können. Was hat dieses Bild uns zu sagen? Wovon ist es ein Ausdruck? Sagt es uns etwas über die Welt, aus der heraus das Kind geboren wird? Ist das Haupt – das bereits am stärksten geformt ist – schon direkt in das Kräftefeld der Erde aufgenommen, eilt es sozusagen voraus in dem auf die Erde gerichteten Inkarnationsprozess, während die Gliedmaßen noch mit der periphären kosmischen Weisheit in Verbindung stehen, darum bei der Geburt dem Kopf nachfolgen und noch kaum irdisch geformt sind?

Wie dem auch sei, die Geburt des Menschen auf Erden ist mit einer totalen Umpolung gepaart. In den ersten Jahren seines irdischen Daseins vollbringt das Kind das Wunder, sich gegen die Schwerkraft zu erheben, das Haupt frei über dem Rumpf zu tragen, bereit den Geist denkend zu begreifen, während die Füße, die Gliedmaßen, die ganze

Gestalt sich an den Gesetzmäßigkeiten der Schwerkraft orientiert, bereit, sich auf der Erde zu bewegen und sie zu ergreifen.

Die Geburt dieses Menschen – den Paulus den ersten Adam nennt – ist gepaart, wie ich schon sagte, mit einer Umpolung, bei der das Unterste zuoberst erscheint und umgekehrt. Paulus spricht auch über einen zweiten Adam. Er sagt: in jedem Menschen kann ein zweiter Mensch, ein höherer Mensch geboren werden, der Mensch, wie er eigentlich gemeint ist – der Träger von Freiheit und Liebe, der sich mit diesen neuen Fähigkeiten einfügt in die kosmische Ordnung, aus der er sich gelöst hatte. Sollte diese zweite Geburt nicht auch mit einer Umpolung vonstatten gehen? Dann würde unser Dasein auf der Erde den Charakter einer Embryonalzeit haben, einer Schwangerschaft, und in dem Maße, wie das Unterste nach oben gehoben werden kann, würde der neue Mensch geboren werden. So wie bei der ersten Geburt die Umpolungskräfte deutlich vom unteren Pol – dem Kopf, der sich schon Monate lang ganz unten befand – ausgehen, so könnte es auch bei der zweiten Umpolung und der Geburt des zweiten Menschen sein. Obwohl in der Folge davon das Oberste nach unten kommt, geht die ›Initiative‹ wiederum vom unteren Pol aus. Das ist der Grund, warum dieses Buch, vom sprachwissenschaftlichen Aspekt abgesehen, nicht den Titel »Das Oberste zuunterst« hat.

Was müssen wir uns nun konkret unter diesem unteren Pol vorstellen, den wir sozusagen empor heben müssen, um uns daran orientieren zu können? Aus menschenkundlicher Sicht sind es die Gliedmaßen, die Hände und Füße. Es ist dieser ›untere Pol‹, der uns zu den Orten trägt, an denen wir tätig werden wollen, und es ist dieser ›untere Pol‹, der uns auch die Möglichkeit zu konkretem Handeln gibt. Das bringt uns auf drei Begriffe, die im Prozess der Umpolung eine Schlüsselposition innehaben. Es sind die Begriffe Initiative, Erfahrung und Wahrnehmung. Wir werden sie alle drei im Licht unseres Themas »Das Unterste zuoberst« behandeln.

Initiative

Wir sprachen bereits darüber, dass die erste Hälfte des Evolutionsprozesses durch das Ausströmen schöpferischer Weisheit gekennzeichnet ist, um die Voraussetzungen für ein Wesen zu schaffen, das Freiheit und Liebe verwirklichen kann. Jetzt befinden wir uns in einer Phase, wo diese Voraussetzungen geschaffen sind, und nun ist sozusagen der Mensch am Zug. Jetzt muss er handeln, aktiv werden, sich auf den Weg begeben, denn die Qualitäten von Freiheit und Liebe können auf keine andere Art entwickelt werden. Dabei denken wir nicht an das Ausführen von Anweisungen von Dritten oder das Handeln zur Befriedigung von Begierden – wir denken an eine Situation, in der in Freiheit aus Liebe gehandelt wird. Diese Art zu handeln trägt den Namen Initiative. Initiativen können im direkten sozialen Kontakt entwickelt werden, in der Hilfeleistung, auch im regulären Berufsleben und im Unternehmertum. Initiativen können sich nach innen richten und nach außen. Sie haben gemeinsam, dass sie nicht aus einem äußeren Auftrag oder einem inneren Begehren entstehen, sondern aus der Freiheit und der Liebe zum Handeln als solches. Menschen sind Jahrhunderte lang in ihrem Handeln von oben durch Herrscher gelenkt worden und von innen durch Angst. Angst vor unangepassten Verhalten, Angst aus der Reihe zu tanzen; Angst ist eine Begierde mit negativem Vorzeichen. Langsam beginnt dieser untere Pol sich zu erheben. Menschen wollen autonom sein, wollen authentisch handeln, wollen eigenverantwortlich aktiv werden. Viele suchen die Möglichkeit initiativ zu werden, ein eigenes Unternehmen aufzubauen. Das sind die Geburtswehen des neuen Menschen und der neuen Gesellschaft. Das Wort Initiative deutet auch darauf hin. Früher waren es die Eingeweihten, die Initiierten, die dem Urbeginn, den Schöpfergeistern, d.h. der fernsten Vergangenheit am nächsten standen (in-itium = nach innen gehen). Jetzt sind es die neuen Eingeweihten, die in aller Bescheidenheit durch ihre Initiative einen Anfang setzen, sich auf den Weg in die Zukunft machen und dadurch den Schöpfergeistern am nächsten stehen. Die alten Mysterien waren Weisheitsmysterien. Die Eingeweihten lebten in abgesonderten Mysterienstätten. Die neuen Mysterien sind Willensmysterien, die Eingeweihten leben in aller Öffentlichkeit als Menschen, die Initiativen entwickeln und damit durch alle Versuchungen gehen, die zu einer Einweihung gehören: Angst, Hochmut, Selbstkonfrontation, Widerstand, Verführungen etc.

Erfahrung

Das Haupt ist der Zuschauer, der ›on-looker‹. Es kann über Dinge sprechen und für alles Erklärungen und Lösungen finden. Es lebt in einer virtuellen Wirklichkeit. Der Gliedmaßenmensch bringt Erfahrung. Meine Beine bringen mich zu den Orten, wo ich Dinge tun und live erleben kann, mit meinen Händen komme ich mit der Erdenrealität und den physischen Gesetzmäßigkeiten in Berührung. Die Ratio – das Haupt – hat die Neigung, sich überlegen über diese Erfahrungswelt zu erheben. Ich erinnere mich an Gespräche mit Gabelstaplerfahrern in einem Amsterdamer Hafenbetrieb. Der Geschäftsführer hatte neue Stapler gekauft, die für ihre Aufgaben nicht gut brauchbar waren. Sie sagten mit einer Mischung aus Traurigkeit, Geringschätzung und Ärger: »Warum hat er nicht mit denjenigen gesprochen, die den ganzen Tag auf den Staplern sitzen? Da steckt die Erfahrung! Aber dafür sind wir denen da oben ja zu weit unten ...«

Auch in dieser Hinsicht ist die Umpolung in vollem Gange und der unterste Stein wird nach oben gehoben. Henry Mintzberg stützt sich bei seinen Strategie-Entwürfen auf die Erfahrungen von ›Menschen an der Front‹.[56]

Ich habe von Menschen berichtet, die sich nicht mehr von ›Schein-

56. Vgl. Mintzberg, H.: Crafting strategie, Harvard Business Review July-Aug 1987

kollegen‹, d.h. Menschen mit ausschließlich theoretischen Kenntnissen ausbilden lassen wollen. Sie wollen mit realen Erfahrungen konfrontiert werden und sich darüber austauschen. Survival-Camps und Selbsterfahrungsgruppen versuchen reale Situationen zu schaffen, in denen aus realen Erfahrungen gelernt werden kann.

Für viele junge Menschen ist Authentizität ein wesentliches Kriterium, um sich für einen Menschen zu interessieren. Sie sind an leeren Worten, an Geschichten über …, an angelesenem Wissen und Erfahrungen aus zweiter Hand nicht interessiert. Sie fragen direkt: »Haben Sie das selbst erlebt? Ist das Ihr Urteil? Haben Sie das auch getan?« Das läuft kurz gesagt auf den Grundsatz »practice what you preach« oder noch kürzer »walk your talk« hinaus. Letzteres bedeutet so viel wie: »Ich bin an deinen Händen und Füßen interessiert: was sie getan haben bzw. wo sie gewesen sind und weniger daran, was dein Kopf alles zu erzählen hat.«

Auch hier kann eine kurze etymologische Betrachtung vertiefen: Das Wort Erfahrung hängt mit dem Wort Furt zusammen, also eine flache Stelle zum Überqueren eines Flusses. An so einem Ort entstehen Siedlungen, und die heißen dann Erfurt oder Klagenfurt. Erfahrung bedeutet, dass man durch den Strom des Lebens geschritten und ›mit Erfahrung bereichert‹ am anderen Ufer gelandet ist. Das ist auch eine Art Neugeburt oder eine partielle Einweihung.

Das englische Wort ›experience‹ zeigt es noch deutlicher. Es hat als Stammworte ex (aus), per (durch), ire (gehen), also durch etwas hindurchgehen und bereichert daraus hervorkommen.

Diesem letzten Element begegnen wir auch im Namen der Hauptperson, der für unsere Zeit äußerst aktuellen mittelalterlichen Erzählung: Parcival (Par-ci-val). Er geht durch das Leid der Versuchungen hindurch und geht geläutert aus ihnen hervor. Wir haben bereits Wagner zitiert, der in seiner Oper davon spricht, dass Parcival ›durch Mitleid wissend‹ wird. Durch diese Einweihung kann Parcival in der

Gralsburg erkennen, welche Not dort herrscht und was von ihm verlangt wird.

Wahrnehmung

Nachdem wir die Qualität des unteren Pols, der nach oben kommen muss, in der Willensqualität der Initiativen und in der Erlebnisqualität der Erfahrung aufgesucht haben, kommen wir nun zur Offenbarungsqualität der Wahrnehmung. Das Wahrnehmen ist hauptsächlich im Kopfpol lokalisiert, weil es an die Sinnesorgane gebunden ist. Insofern scheint es, als habe es unten nichts zu suchen. Doch man kann auch im Kopfpol eine Polarität mit einer oberen und einer unteren Seite entdecken. Der Erkenntnisprozess, der mehr im oberen Pol lokalisiert ist, vollzieht sich in der Urteilsbildung, wobei ein Begriff als Ergebnis eines inneren Denkprozesses mit einer Wahrnehmung in Verbindung gebracht wird mit dem Ergebnis eines nach außen gerichteten Sinnesprozesses. Das Bewusstseinslicht des oberen Poles verbindet sich mit dem – vom Erkenntnisprozess aus gesehen – dunklen Sinneseindruck vom unteren Pol. Das echte Wahrnehmen ist ein Willensakt, der Handlungscharakter hat. Ich lenke meine Sinnesaktivität suchend und tastend an den Erscheinungsformen der physischen Welt entlang. Ich habe oben beschrieben, wie am Beginn der Neuzeit ein ganz neues Interesse für die sinnliche Welt entstand. Hier lag der Schlüssel, um der im Intellektualismus ersterbenden alten Weisheit einen neuen Inhalt zu erschließen. Aber anstelle dessen reduziert dieses intellektuelle Denken das Wahrnehmen zum Registrieren des Mess-, Wäg- und Zählbaren, dessen Zusammenhang in der Folge in mathematische Formeln gefasst wird. Dadurch wurde die Tür zu einer neuen Spiritualität verschlossen. Erst Goethe konnte sie später zum Teil und Steiner dann vollständig wieder öffnen. Goethe gelang das, weil er die Naturobjekte, für die er sich interessierte (Pflanzen, Farben, Steine, Wettererscheinungen) nicht reduzierte oder analysierte, sondern sie in ihrer Erscheinungsform, ihrer Gestalt, ihrem Verhalten und ihrer Dynamik wirklich wahrnahm. Mit größter Sorgfalt hielt er vorzeitige intellektuelle Erklärungen, Hypothesen oder Begriffsbildungen zurück. Er wollte, dass das Phänomen sich ihm aussprach, und darum fragte er sich fortwährend: »Bin ich es, der sich ausspricht oder ist es der Gegenstand?« Er versuchte die Kraft des Staunens gegenüber dem Objekt solange wie möglich in seiner Seele wirken zu lassen. Und schließlich bemerkte er: »Nur was ich liebe, offenbart sich mir.« Dies ist die intimste Form, »Das Unterste zuoberst« zu praktizieren, und auch hier haben wir – wie bei der Initiative und der Erfahrung – mit der Geburt des neuen Menschen, mit einem Initiationsprozess, zu tun. Was Goethe in seiner Seele aufräumen und entwickeln musste, hat wirklich den Charakter der Geburt eines neuen Menschen. Bis in die Geistwirklichkeit der Naturphänomene durchstoßend weckt er auch in sich eine neue Geistwirklichkeit: den zweiten Menschen. Steiner hat dieses Tor der Phänomenologie weit geöffnet und Wege gezeigt, die im Wahrnehmen des eigenen Denkens, im Wahrnehmen der menschlichen Gestalt, seiner Physiologie und Anatomie, im Wahrnehmen des Schicksals und im Wahrnehmen von sozialen Prozessen Zugang zu einer neuen Spiritualität geben. Einer Spiritualität, die nicht mehr von oben und von außen als Offenbarung empfangen wird, sondern die durch innere Aktivität in der eigenen Seele geweckt wird. Die Verwandtschaft mit der alten Spiritualität zeigt sich darin, dass sie zu moralischem Verhalten und sozialen Beziehungen führt, aber nun in aller Freiheit.

57. In meinem Buch über »Ratgeber« habe ich die Qualitäten vom Wahrnehmen, Erfahren und Initiieren unter einem menschenkundlichen Gesichtspunkt betrachtet und sie als die Tugenden der drei Seelenmanifestationen beschrieben, die in der Geisteswissenschaft als Empfindungs-, Verstandes, Gemüts- und Bewusstseinsseele bezeichnet werden. Die Tugenden sind die Verwunderung, das Mitleiden und das Gewissen. Sie formen die Einfallstore, durch die eine neue Spiritualität, eine neue Sozialität und eine neue Moralität einziehen können. Es lohnt die Mühe, das hier behandelte Thema unter diesem Aspekt in dem anderen Buch zu vertiefen.

Soweit – aus einem menschenkundlichen Blickwinkel heraus – drei Aspekte des unteren Pols, die alle drei, wenn wir sie nach oben heben und ihnen den Ehrenplatz geben, der ihnen zukommt, das Tor bilden, durch das der neue Mensch geboren werden kann.[57]

Die Geburt einer neuen sozialen Wirklichkeit in der alten

Wir werden jetzt den Blick auf das soziale Leben richten. In den vorhergehenden Kapiteln haben wir schon viel darüber gesagt und können uns daher kurz fassen. Das Leitmotiv unserer sozialen Betrachtungen war immer, dass das Wirtschaftsleben sich als letztes aus der Hegemonie der alten Theokratien gelöst hat. Es war immer der untere Pol der Gesellschaft. Wenn wir nun über die Geburt einer neuen Gesellschaft durch Umpolung sprechen, dann bedeutet das faktisch ein oben Ansetzen von dem bisher immer untergeordneten Wirtschaftsleben. Und jetzt stoßen wir auf eine der faszinierendsten, aber auch dramatischsten Paradoxien unserer Zeit. Was an der Zeit ist, erscheint vorzeitig, verfrüht und in Karikatur. Wir könnten umgekehrt herausfinden, was an der Zeit ist, indem wir die Strategie der Gegenmächte sorgfältig untersuchen. In dem Moment, der Jahrzehnte oder Jahrhunderte umfassen kann, wo das neue Wirtschaftsleben (wir werden gleich sehen, was wir darunter verstehen) die Initiative in der gesellschaftlichen Entwicklung übernehmen soll, setzt es sich rücksichtslos als Theokrat auf den Thron. Einige Bilder, in denen dies zum Ausdruck kommt:

- Globalisierung an der Stelle von ›kata-holos‹ (das bedeutet: das Ganze umfassend, was die katholische Kirche vorgab zu tun),
- Elitäre Führungskräfte-Retraite in Davos an der Stelle von Kardinals-Konklaven

- Ökonomische Parameter an der Stelle von scholastischer Logik
- Der Konsument ›schluckt‹ die Produktion, statt sich den Katechismus eintrichtern zu lassen
- Kapitalbesitz an der Stelle des proklamierten Besitzes der Weisheit
- Hierarchie in den Unternehmen an Stelle der kirchlichen Hierarchie
- Die Arroganz der Macht an Stelle – nein, die ist die gleiche geblieben

Das Wirtschaftsleben darf nur dann die Führung übernehmen, wenn es sich selbst auch radikal umpolt. Innerhalb des Wirtschaftslebens besteht eine wesentliche Polarität zwischen Produktion und Konsumtion mit dem intermediären Handel als Vermittler zwischen den Menschen mit Fähigkeiten und den Menschen mit Bedürfnissen. Im heutigen kapitalistischen System ist die Produktion dominant. Die Shareholder Values stehen dabei an zentraler Stelle. Die Konsequenzen der Produktion für die Umwelt und die lokale Kultur sind nicht relevant, höchstens als Störfaktoren. Und selbst der Endverbraucher ist nicht wirklich interessant. Es gibt genug Werbemethoden und Marktstrategien, um ihm zu suggerieren, dass seine Bedürfnisse wirklich befriedigt werden. Wenn wir über eine essentielle Umpolung innerhalb des Wirtschaftslebens sprechen, meinen wir eine radikale und konsequente Orientierung von jeglicher Produktion an den Bedürfnissen, den Nöten der Natur, der Konsumenten, der lokalen Kultur. Wenn die Notwendigkeit der Umpolung sich gesellschaftlich abzeichnet, steht unmittelbar eine Karikatur davon bereit. Dann erklären die Betriebe, dass sie sich kundengerecht ausrichten wollen, ja selbst, dass der Kunde König ist, aber beim näheren Hinsehen handelt es sich um einen machtlosen König, der im protokollarischen Ablauf, im Ritual, das der Produzent ihm anbietet, funktionieren muss. Oder der Kunde löst sich davon und terrorisiert die Produzenten durch vollkommen willkürliches Kaufverhalten, durch unvorhersehbare Verhaltensmuster, indem er sich an keinen Produzenten, an kein einziges Produkt bindet. Das Wirtschaftsleben läuft hechelnd hinter ihm her. In dem ›eingesperrten König‹ oder dem ›egoistischen Despot‹ erkennen wir die oben beschriebenen Gegenmächte wieder.

Wenn wir über Umpolung sprechen, geht es um den Weg zu echter Dienst-Leistung, und die hat eine moralische Qualität. Auf diesem Weg begegnen wir den oben bearbeiteten Themen Initiative, Erfahrung und Wahrnehmung, die wir in diesem sozialen Kontext noch einmal Revue passieren lassen:

Initiative

Wo der Raum für Initiativen entsteht, kann Verantwortlichkeit wachsen. Verantwortlichkeit bedeutet, dass man bereit und auch imstande ist (das englische ›response-ability‹ drückt das noch besser aus), Antworten auf Fragen zu geben. Und solche Fragen lauten vor allem: »Was bewirkt das, was du produzierst, für den Konsumenten, für die Umwelt, für die soziale Struktur? Geht das wirklich auf vorhandene Nöte ein, kannst du das verantworten?« Überall, wo vertikale Machtstrukturen entstehen, wird der Raum für Initiativen blockiert und werden moralische Kräfte pervertiert: »Ich würde ja gern anders handeln, ich kann es auch eigentlich nicht verantworten. Aber ich muss, ich bin Teil des Systems.« Wo privatisiert wird, entstehen kleinere Einheiten, in denen wieder mehr persönliche Initiative möglich ist. Wo Abteilungen von großen Konzernen sich verselbständigen, um aus dieser Position ihre Dienste anzubieten, entsteht Raum für Initiativen. Dabei taucht auch der Begriff Entrepreneurship auf. Hier wird nach unternehmerischer Initiative innerhalb des Unternehmens gesucht. Auch Unternehmen, die sich auf ihre Kernaufgabe (core business) konzentrieren und allerlei Seitenzweige abstoßen, schaffen Platz für kleine Einheiten mit Raum für Initiativen. Wenn man diesen Prozess bis zu Ende durchdenkt, landet man beim Titel eines Buches, das in den 60er Jahren in Deutschland erschien: »Tausend Arbeiter, tausend Unternehmer«. Der Autor suchte nach Organisationsformen, die maximalen Raum schaffen für Initiative und Verantwortlichkeit. Er entdeckte dabei, dass dafür grundsätzlich andere Formen von Einkommen aus Arbeit gefunden werden müssen. Solange Arbeit im Grunde eine Ware ist, an der ein Preisschild hängt, die durch den Arbeitgeber (eigentlich ist er der Arbeit-Nehmer) eingekauft wird, ist eine einseitige Abhängigkeit geschaffen, die nur noch marginale Initiativen zulässt. Die Diskussion über ein garantiertes Grundeinkommen bzw. Bürgereinkommen ist ein Ausdruck der Suche nach diesen neuen Formen. Wir werden diese Thematik hier nicht weiter bearbeiten.

Das Wirtschaftsleben verlangt durch seine Art nach einer horizontalen Organisation. Ein dynamisches Netzwerk von kleinen selbständigen Einheiten, die sich im Bewusstsein ihrer wechselseitigen Abhängigkeit eine entsprechende Form geben, indem sie realistisch miteinander verhandeln.[58] In diesem Rahmen kann Initiative gedeihen und Verantwortung übernommen werden. Überall dort, wo durch Fusionen und Betriebsübernahmen Machtstrukturen wachsen, schlägt die alte Theokratie mit ihrer Hierarchie zu. Die Schaffung von Räumen für persönliche Initiative ist einer der Hebelarme, mit denen diese alten Strukturen ins Wanken gebracht werden können. Faktisch bedeutet das, das Unterste nach oben zu heben.

58. Wir sprachen oben anlässlich des Interviews mit Peter Drucker bereits darüber. Wir haben es als einen Schulungsweg für Vertrauenskräfte charakterisiert, diesem Netzwerk von gegenseitigen Abhängigkeiten eine Form zu geben. Hier bekommt dieser Schulungsweg einen Übungscharakter für die Initiativkraft. Im Grunde sind diese beiden Wege sehr verwandt, weil sie beide mit der Schulung des Willens zu tun haben.

Erfahrung

Um dem Wirtschaftsleben seine Form zu geben, sind wir vor allem auf Menschen mit Erfahrung angewiesen, auf Menschen, die die Realität der Wirtschaftsprozesse von innen her kennen. Das Wirtschaftsleben ist von seiner Art her unberechenbar, weil es schnell und situativ auf vorhandene und nicht vorhandene Rohstoffe und Arbeitskräfte, auf Energiepreise und neue technische Errungenschaften, auf Missernten oder gerade besonders hohe Erträge, auf politische Konstellationen und vieles andere mehr reagieren muss. Um in dieser Welt zu einer realistischen Führungsqualität zu kommen, muss man mittendrin stehen, müssen die Urteile auf Erfahrung beruhen.

Das ist der Grund, warum Rudolf Steiner in seinem Bild des dreigliedrigen sozialen Organismus großen Wert darauf legt, dass das Wirtschaftsleben durch Menschen geleitet wird, die in den Prozessen drin stehen, die aus aktueller Erfahrung wissen, worüber sie sprechen und realistische Abmachungen treffen können. Die Organe, in denen die lenkenden Absprachen vereinbart werden, sind die bereits genannten Assoziationen, Beratungsorgane zwischen Produzenten, Händlern und Konsumenten (-vertretern). Also keine Planwirtschaft, bei der die Leitung aus großer Entfernung durch Techno- bzw. Bürokraten erfolgt, und auch keine Marktwirtschaft, bei der die Lenkung einem abstrakten Preismechanismus überlassen und der leitende Mensch ins Aus versetzt wird. Obendrein sind die Preise durch Subventionen und politische Eingriffe dermaßen verfälscht, dass der sogenannte Preismechanismus genauso schlecht funktioniert wie die Planwirtschaft. Die Lenkungsorgane sind ein in einem rechtlichen Rahmen autonom funktionierendes Netzwerk von Führungsorganen, die mit erfahrenen Menschen besetzt sind. Wir leben in Bezug darauf in einer Hybridsituation. Wir nennen das System zwar kapitalistisch mit einem zunehmenden Vertrauen in die autonome Lenkung durch den Marktmechanismus. Aber auf der einen Seite werden die Preise ständig verfälscht, so dass eine Führung allein durch diese zu ökonomisch absurden Situationen führen kann und auf der anderen Seite praktizieren wir faktisch ein ganzes Stück Planwirtschaft, indem wir Theoretiker mit ihren Modellen, Statistiken und Prognosen und bürokratische amtliche Kommissionen aus großem Abstand, ohne Erfahrungsgrundlage, die Wirtschaft lenken lassen. Assoziationen als Führungsorgane auf Erfahrungsgrundlage sind die Hebelarme, mit denen wir das Wirtschaftsleben aus seiner hierarchisch-theokratischen Stellung heben können.

Wahrnehmung

Wie die Entfaltung von Initiative Zugang zu Wirklichkeitserfahrungen verschafft, so bedeutet das Auftun von Erfahrungen, dass man die Wirklichkeit selber wahrnimmt. Insofern durchdringen die drei Themen einander. Und doch ist in diesem Zusammenhang mit dem Thema Wahrnehmung noch mehr gemeint, und erst dann bekommt es die Hebelfunktion, die das Unterste nach oben heben kann. Wir leben immer mehr in einer virtuellen Welt, in der wir der Wirklichkeit nur gefiltert über unsere Bildschirme, in raffinierten Simulationen, in Statistiken und Modellen, in Reportagen und Dokumentationen begegnen. Das Wahrnehmen wird zum Aufnehmen von Informationen reduziert, und durch das Übermaß an Informationen verschließen wir uns immer mehr vor ihnen.

Im Wirtschaftsleben geht es um die Bedürfnisse, Nöte und Fragen der Menschen. In meinem Buch über eine neue Fragekultur habe ich behauptet, dass wir in einer Antwortkultur leben, die kaum mehr in der Lage ist, Fragen zu hören, Nöte wahrzunehmen, ganz zu schweigen davon, sie sich so zu eigen zu machen, dass sie Anlass zu konkretem Handeln geben.

In den Assoziationen ist eine echte Begegnung mit konkreten Menschen und ihren konkreten Bedürfnissen möglich. Und in den Gesprächen darüber kann vielleicht entdeckt werden, dass die sogenannten konkreten Bedürfnisse nur die Außenseite von wesentlicheren, tiefer liegenden Nöten sind. Und wenn es zu Produktionsaufträgen bzw. Konsumverpflichtungen gekommen ist, kommt noch ein Wahrnehmungsmoment hinzu, nämlich die Evaluierung des Prozesses: Ist die Frage beantwortet, das Bedürfnis befriedigt, die Not gelindert worden?

Auf diese Weise wird das Wirtschaftsleben ein großes Übungsfeld für das Wahrnehmen: das Wahrnehmen der Nöte anderer Menschen, der Natur, der Gesellschaft. Es ist diese Wahrnehmungsqualität, die das Wirtschaftsleben wirklich umpolen kann.

Ich denke, das gilt aber nicht im Mindesten für diejenigen Menschen, die über die Mittel verfügen, um Wirtschaftsprozesse in Bewegung zu setzen: die Sparer, die mit deren Spargeld operierenden professionellen Aktienhändler und die geldschaffenden Bankiers. Wenn es ein Gebiet gibt, auf dem der Abstraktionsprozess der Kapitalbildung radikal zu Tage tritt, dann ist das die Welt der Anteile, Optionen und Derivate. Die Geldbewegungen, die dort stattfinden, haben kaum irgendeine Relation zu konkreten Wirtschaftsprozessen. Aktionäre stehen den Auswirkungen, die ihre finanziellen Manipulationen dennoch haben, kaum noch mit der Bereitschaft zu Wahrnehmung, Interesse oder Verantwortung gegenüber. Auf diesem Gebiet wäre es von großer Wichtigkeit, wenn Sparer, Kreditgeber und Investoren mit den Menschen ›live‹ in Kontakt treten würden, die mit ihrem Geld Nöte lindern und Bedürfnisse befriedigen wollen. Innerhalb der assoziativen Beratungen, die auch hier möglich sind, können solche Wahrnehmungen stattfinden.

Mit Blick auf das im Vorangehenden Gesagte über die innere Umpolung des Wirtschaftslebens, bei der Initiative, Erfahrung und

Wahrnehmung eine so zentrale Rolle spielen, wird man es nicht mehr als problematisch ansehen, einem so gearteten Wirtschaftsleben die ›soziale Führung‹ zu übergeben, denn wenn es nicht länger mit gewinnmaximierendem Kommerz, sondern mit echter Dienst-Leistung identisch ist, kann das gesamte gesellschaftliche Leben aus dieser Perspektive betrachtet werden.

Das Bildungswesen wird dann eine Dienstleistungs-Institution, in der Dozenten, Studenten, Eltern und Schüler miteinander über die hauptsächlichen Lehrinhalte und -methoden beraten. Das Gesundheitswesen wird Dienstleistung am kranken Menschen. Auch dort muss der Raum für eine Selbstverwaltung in assoziativen Organen auf der Basis von Initiative, Erfahrung und Wahrnehmung geschaffen werden.[59]

Und dasselbe gilt für viele andere Aufgaben im kulturellen Leben. Aber auch um amtlich-juristisch-politischen Leben kann man von einer Polarität sprechen, zwischen Menschen, die etwas anzubieten haben auf Grund ihrer Fähigkeiten, und Menschen, die Nöte, Bedürfnisse und Fragen haben. Und darum sind in all diesen Gebieten – immer in einer anderen Form, was soziale Phantasie verlangt – assoziative Beratungsorgane auf der Basis von Initiative, Erfahrung und Wahrnehmung möglich.

In der neuen sozialen Ordnung ist das Wirtschaftsleben im engeren Sinn der Produzent von Gütern und Diensten, und insofern eines von drei Subsystemen des sozialen Organismus. Aber das Wirtschaftsleben im moralischen Sinn, als Dienst-Leistung, als Begegnungsort zwischen Fähigkeiten und Bedürfnissen, breitet seine Flügel weit über alles soziale Geschehen aus und gibt dem gesam-

59. In diesem Zusammenhang ist es interessant darauf hinzuweisen, wie im sogenannten humanistischen Gesundheitswesen großer Wert auf die Eigenwahrnehmung des Patienten gelegt wird. Der Patient wird ständig aufgefordert, so genau wie möglich zu beschreiben, was er fühlt, wo, wann, wie oft, in welchem Rhythmus, in welcher Intensität. Die Patienten können immer geübter darin werden und der Arzt nimmt diese Gefühle ernst. Er sagt nicht: »Meine ›objektiven‹ Untersuchungen zeigen, dass ihnen nichts fehlt«, sondern: »Sie müssen mir helfen herauszufinden, was Ihnen fehlt«. Der Therapieprozess spielt sich dialogisch ab.

ten gesellschaftlichen Leben eine neue Qualität. Es ist die Brüderlichkeit des Wirtschaftslebens, die die dekadente Hierarchie des Geisteslebens und die erkrankte Bürokratie des Rechtslebens heilen kann. Damit ist im fundamentalsten Sinn »Das Unterste zuoberst« angelangt.[60]

60. Wir möchten diesem Kapitel noch etwas hinzuzufügen: Und zwar einen Hinweis auf das Märchen von Goethe von der »Grünen Schlange und der schönen Lilie«. Für diejenigen, die das Märchen nicht kennen, kann das der Anlass sein, es unter der Perspektive von unserem Thema »Das Unterste zuoberst« einmal zu lesen. Für diejenigen, die es kennen, kann es eine faszinierende Vertiefung bedeuten, es unter diesem Aspekt noch einmal anzuschauen.
Das Märchen hat eine intime Beziehung zur oben genannten Tempellegende. Es handelt von einem Tempel – einem Tempel unter der Erde, der sich am Ende des Märchens nach oben begibt und auf der Erde erscheint. Ein beeindruckendes Bild dafür, das Unterste nach oben zu kehren! Tatsächlich steht der alte Tempel in der sinnlichen Welt und der Neue ist geistiger Art. Die Brücke zwischen den zwei Welten wird im Märchen durch die Schlange gebaut. Wer das Märchen liest und die Bilder zu sich sprechen lässt, kann verstehen, was Rudolf Steiner in seiner Auslegung sagt: »Die Schlange, die selbstlose, in Liebe zur Weisheit, in erlebter Weisheit entwickelte Lebenserfahrung, gibt ihre Existenz auf, um die Brücke zu bilden zwischen der Sinnlichkeit und der Geistigkeit.« Im letzten Kapitel spielte die Erfahrung, in der Mitte zwischen Initiative und Wahrnehmung, eine Schlüsselrolle für die Umpolung. Als in Goethe die Bilder dieses Märchens zu leben begannen, muss er zutiefst von den fundamentalen Transformationsprozessen durchdrungen gewesen sein, die sich in der Menschheit abspielten. Die Aussagekraft dieser Bilder ist tatsächlich unendlich viel größer als die Worte und Begriffe, mit denen dieses Buch von demselben Geschehen etwas wiederzugeben versucht.

Literaturverzeichnis

Allport, G.: Becoming: Basic considerations for a psychologie of personality, New Haven 1955
Bos, A. H.: Oordeelsforming in groepen. Willens en wetens, wikken en wegen. Polariteit en ritme als sleutel van sociale organismen., Wageningen 1974
Bos, A. H.: Schenken en danken. Verwaarlosde kwaliteiten in een wereld vol commercie, Zeist 1998
Bos, A. H.: Vertrouwen, fundament voor een gezonde samenleving, Zeist 1997
Bos, A. H.: Vraagbakens: Over de ontwikkeling van een nieuwe vraagkultuur, Zeist 2000
Boulding, K.: General systems theory, the skeleton of sience, Management sience 1956
Deutsch, M.: The resolution of conflict: constructiv and destructiv processes, New York 1973
Fichte, J. G.: Der geschlossene Handelsstaat, Berlin 1845/1846
Hahnemann, S.: Organon der geneeskunde
Jaques, E.: Measurement responsibility, London 1956
Jaques, E.: Equitable payment, London 1961
Lievegoed, B. C. J.: Organisaties in ontwikkeling, Rotterdam 1969
Mintzberg, H.: Crafting strategie, Harvard Business Review July-Aug 1987
Nakamura, S.: Doorbraak in woede, 2001
o.V.: Ode aan het werk, Jan/Feb 2001
Owen, H.: Tales of open Space
Plato: De ideale staat – Politeia, Amsterdam 2005
Rousseau, J. J.: Vertoog over de Ongelijkheid, Meppel 1983
Schwenk, T.: Bewegungsformen des Wassers, Stuttgart 1967
Steiner, R.: De kernpunten van het sociale vraagstuk, Zeist 2004
Steiner, R.: Die Geheimwissenschaft im Umriss, Dornach 1985
Steiner, R.: Goethes Weltanschauung, Dornach 1990
Verhulst, J.: Het verdiepen van de democratie, Brüssel 1998